苏州科技学院哲学社会科学优秀学术著作出版基金资助

高校社科文库
University Social Science Series

教育部高等学校
社会科学发展研究中心

汇集高校哲学社会科学优秀原创学术成果
搭建高校哲学社会科学学术著作出版平台
探索高校哲学社会科学专著出版的新模式
扩大高校哲学社会科学科研成果的影响力

王世文／著

出口贸易环境优化与
转型升级问题研究

Research on the Optimization and the
Transformation of Export Trade

光明日报出版社

图书在版编目（CIP）数据

出口贸易环境优化与转型升级问题研究 / 王世文著．
－－北京：光明日报出版社，2013.7（2024.6 重印）
（高校社科文库）
ISBN 978－7－5112－5072－8

Ⅰ.①出… Ⅱ.①王… Ⅲ.①出口贸易—贸易发展—
研究—中国 ②出口贸易—转型经济—研究—中国
Ⅳ.①F752.62

中国版本图书馆 CIP 数据核字（2013）第 165226 号

出口贸易环境优化与转型升级问题研究
CHUKOU MAOYI HUANJING YOUHUA YU ZHUANXING SHENGJI WENTI YANJIU

著　　者：王世文	
责任编辑：祝　菲	责任校对：陈　新
封面设计：小宝工作室	责任印制：曹　净

出版发行：光明日报出版社

地　　址：北京市西城区永安路 106 号，100050

电　　话：010-63169890（咨询），010-63131930（邮购）

传　　真：010-63131930

网　　址：http：//book. gmw. cn

E － mail：gmrbcbs@ gmw. cn

法律顾问：北京市兰台律师事务所龚柳方律师

印　　刷：三河市华东印刷有限公司

装　　订：三河市华东印刷有限公司

本书如有破损、缺页、装订错误，请与本社联系调换，电话：010-63131930

开　　本：165mm×230mm			
字　　数：216 千字		印　　张：12	
版　　次：2013 年 8 月第 1 版		印　　次：2024 年 6 月第 2 次印刷	
书　　号：ISBN 978－7－5112－5072－8－01			

定　　价：65.00 元

CONTENTS 目 录

第一章

绪 论

第一节 研究背景

改革开放以来，我国对外贸易保持快速增长（见图1.1），对我国经济发展发挥了重要作用。2011年，全国货物出口总额18986亿美元，已连续三年居世界第一，约占国内生产总值的471564亿元的25.37%。另按照国际收支统计口径，2011年，服务贸易出口总额为1828亿美元，名列世界第四。一方面，出口贸易是我国经济的重要构成部分，对稳定总需求具有直接贡献，对稳定投资、消费增长和提升生产率也具有间接贡献，是"稳增长"和"促转型"

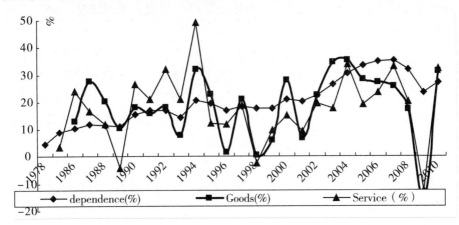

图1.1 1978～2010年我国服务贸易、货物贸易出口增速和货物出口依存度

数据来源：服务贸易数据来自《中国服务贸易统计2011》，中国服务贸易指南网，商品贸易数据根据《中国统计年鉴》整理计算。

的重要内容和重要保障。另一方面，我国出口贸易也是世界经济的重要组成部分，直接关系到我国对外经济关系的改善与发展。但是，当前出口贸易也面临不均衡、不协调、不可持续等多方面的挑战，需要从国际竞争力提升和出口贸易战略调整两方面谋求转型升级，加快实现外贸发展方式转变。

近年来，转变外贸发展方式已得到社会各界普遍关注。商务部、发改委以及其他多个部门和地方政府都曾在有关文件提出了具体的指导意见。例如，《江苏省"十二五"规划纲要》从八个方面明确提出了"加快转变外贸发展方式"的具体任务。苏州认为靠开放促转型、求发展，这是苏州最大的优势。在"十二五"发展纲要中也提出新时期经济社会发展须把握"坚持协调发展"原则。并"把稳定外需和扩大内需相结合，实现内外需协调发展"作为坚持协调发展之首。

2011 年以来，中央和各级政府、部门对转变外贸发展方式给予了更高度的关注。《政府工作报告》提出"加快转变外贸发展方式，是推动贸易强国进程的战略举措"。"强调扩大内需，但决不能忽视外需对我国经济发展的重要作用"。"要巩固贸易大国地位、推动贸易强国进程，我国外贸发展方式必须进行战略性转变。"在发展高层论坛 2012 年会上，李克强提出进出口对宏观经济、就业和社会稳定都至关重要。要认真贯彻中央的要求和部署，立足当前，着眼长远，稳定出口，扩大进口，加快外贸转型升级，实现速度、结构、质量、效益相统一。

2012 年 3 月，商务部、国家发改委和其他八个部门联合制订了《关于加快转变外贸发展方式的指导意见》（下文简称《意见》），《意见》指出加快转变外贸发展方式是加快转变经济发展方式的迫切需要，要推动经济发展方式转变，我国外贸发展方式必须进行适应性转变。加快转变外贸发展方式是主动适应国际经贸格局变革的必然要求，要适应国际经贸格局调整，我国外贸发展方式必须进行主动性转变。加快转变外贸发展方式是推动贸易强国进程的战略举措，要巩固贸易大国地位、推动贸易强国进程，我国外贸发展方式必须进行战略性转变。《意见》还明确了我国外贸转变发展方式的目标："今后一段时期，我国对外贸易发展的目标是巩固贸易大国地位，推动贸易强国进程。"转变外贸发展方式，要着力提高四个能力："出口商品的国际竞争力、企业的国际竞争力、行业组织的协调能力和政府参与国际贸易规则制定的能力"。转变外贸发展方式，要实现四个优化：进一步优化主体结构，做强大企业，扶持中小企业发展；进一步优化商品结构，稳定传统优势产品贸易，推动知识产权、品牌、高附加值产品贸易；进一步优化市场结构，巩固传统市场，开拓新兴市场，培育周边市场；进一步优化贸易方式结构，做强一般贸易，提升加工贸易，发展其他贸易。①"并提出了实现这一目标的11项主要任务。

第二节　研究意义

转变外贸发展方式包括丰富的内涵，其中，出口贸易战略调整和国际竞争力提升是其中的关键环节。在《关于加快转变外贸发展方式的指导意见》中，总体原则之一就是调整国际贸易战略，"坚持出口与进口协调发展，促进贸易平衡"。发展目标中则明确，"今后一段时期，我国对外贸易发展的目标是巩固贸易大国地位，推动贸易强国进程"。转变外贸发展方式"要着力提高我国出口商品的国际竞争力，提高行业组织的协调能力，提高政府参与国际贸易规则制定的能力"。

出口对我国经济发展具有多重复杂影响，第一，出口贸易是构成总需求的"三驾马车"之一，并和消费、投资之间存在内在紧密的互动关系。第二，对外贸易是技术进步和提升的重要来源。通过"贸易中学"和技术服务贸易等途径，发挥后发优势，本地企业自身技术创新能力和经营管理能力快速提升，增强了其国际竞争力。第三，对外贸易也是保持我国产业链整体竞争力的重要环节。作为全球第一出口大国，外贸部门也是国内主导产业链上的重要环节，直接关系到本地主导产业的竞争力和新兴产业的培育发展。因此，"稳出口"是"稳增长"的重要保障，也是"调结构"和"促转型"的重要内容和条件。

尽管通过30年的积累和发展，我国出口贸易部门新比较优势不断培育与提升，国际竞争力不断增强，但是外贸发展不平衡、不协调、不可持续问题仍然存在，并且我国面临的出口环境趋于复杂。不仅面临工资、原材料和用地成本上升对竞争力的挑战，还面临汇率波动加大、国外需求下滑、贸易摩擦增多等新挑战。当前，无论是就国内环境，还是国外发展环境而言，外贸企业都面

---

① 《关于加快转变外贸发展方式的指导意见》，中华人民共和国商务部网站 http://www.mofcom.gov.cn/aarticle/b/e/201203/20120307991399.html

临不同于以往的新挑战，迫切需要转变外贸发展方式，进一步增强外贸推动经济增长、促进社会和谐、扩大国际影响力的作用。而应对挑战，实现外贸转型升级不仅需要竞争力提升，还需要实现战略转型。

转变外贸发展方式是近年来理论和实务界关注的热点问题，相关领域的认识和研究成果颇为丰富。然而，当前国内外出口环境出现了许多新变化，外贸发展环境更加复杂，出口部门面临更大的挑战。如何维持和提升出口贸易部门的国际竞争力，尚存众多难题需要破解。在"后危机"和"危机后"阶段，经济全球化的趋势和内涵都正在发生新的变化，作为全球第一出口大国，出口对我国内外均衡、长期经济增长和国际经济关系发展的重要性更加突出。《关于加快转变外贸发展方式的指导意见》从顶层设计的高度提出了加快转变外贸发展方式的重要性、总体要求、主要任务、政策措施和体制机制保障。如何有效落实《意见》提出的任务，实现加快转变外贸发展方式的各项任务，还需要总结实践经验和深化理论研究，提出针对性强和可操作性强的研究成果。

本书主要分析了当前国内外经济环境变化对出口贸易战略和竞争优势的挑战，提出优化出口贸易和转型升级的对策。并以区域出口经济发展和出口企业发展实践经验为基础，对相关领域的部分问题进行了深入细致的专题研究探讨。研究结论对于落实《意见》提出的任务和实现《意见》提出的目标具有参考价值。本书的研究角度涉及转变外贸发展方式战略、策略的一些关键问题，论据包括全国、区域经济和企业等宏微观层面的数据，对一些流行的观点进行了质疑、证实和提出自己独立的见解，研究结果对于丰富该领域的研究亦具有积极意义。

第三节　文献概述

从概念上讲，国内经历了"转变外贸增长方式"到"转变外贸发展方式"两个阶段。早在2004年，中央经济工作会议就提出"转变外贸增长方式"的外贸发展新思路，其主旨是要在出口贸易快速增长的同时，注意提高出口贸易质量，解决出口商品附加值较低、资源能源耗费较大和环境保护等问题。经过几年实践，2009年中央经济工作会议又提出了"加快外贸发展方式转变"。政策是理论研究成果的体现和理论研究方向的指引，政策的变换基本反映了国内关于相关问题研究的发展阶段。

一、关于转变外贸增长方式的研究

（一）转变外贸增长方式理论简介

第一，贫困化增长与比较优势陷阱。早期，关于"转变外贸增长方式"的代表性研究成果多是从"贫困化增长"、"微笑曲线"等角度展开的。部分研究成果认为，发展中国家以劳动力资源和自然资源参与国际分工，虽然在短期内可以获利，但这种贸易结构不能持久，并且会跌入"比较优势陷阱"。发展中国家应大力发展高科技产业，发展战略性产业，在国际竞争中占据优势。而加工贸易方式往往被作为贸易结构低级化的代表，对其发展国内展开了广泛的争议。众多研究成果认为，由于加工贸易的迅速发展，使外贸依存度持续上升，其出口的劳动密集型产品，需求的价格弹性小，而供给弹性大，贸易的价格条件不断恶化，因此，加工贸易是中国出口导向型经济"贫困化增长"的源泉。此外，加工贸易出口的过快增长不仅造成高污染、高排放、高耗能等问题，而且还引起了贸易摩擦。针对这些问题，一些研究成果提出了"适度增长论"，认为对外贸易应保持适度规模和适度增长速度。

第二，出口贸易可持续发展。随着研究的深入和实践的发展，理论界对转变外贸增长方式的理解已不再局限于严格经济学意义上的"增长"范畴，对其认识不断丰富。例如，简新华、张皓（2007）就认为"现在面临外贸条件恶化、外贸顺差过大、外贸依存度太高、人民币升值压力较大、生产要素价格上涨、高新技术引进困难、资源消耗过多、环境压力加剧的难题，必须采取多种有效措施，转变成为一种进出口商品结构优化、市场多元化、主要依靠自主创新和自主品牌、科技兴贸、以质取胜、产业结构合理、加工度高、附加值大、高效益、可持续的新的方式"[1]。

（二）转变外贸增长方式的实践及其效果

第一，政策实践简介。从2005年下半年至2008年上半年，我国对贸易政策进行了多方面调整。例如，人民币汇率制度改革、大范围降低出口产品退税率、增加加工贸易的禁止目录、修订《外商投资产业指导目录》等。总体而言，政策内容倾向于自我紧缩外部市场并限制加工贸易扩张发展趋势。

第二，对政策效果的争议。学界对外贸政策调整效果的研究存在较大争

---

[1] 简新华，张皓.论中国外贸增长方式的转变.中国工业经济.2007（8）.P32

议。李健（2009）认为，自 2005 年以来，"外经贸政策的调整并没有削弱我国出口产品的竞争力，而是给了国内出口企业一个较大压力，促使他们积极调整和优化结构，降低资源和能源消耗，开发新产品和新市场，同时也淘汰了部分落后产能"①。而裴长洪（2010）通过对 2006～2008 我国出口结构变化分析，证明"尽管出口贸易政策调整也包含了一些优化出口商品结构的政策意图，但是在降低增长速度和限制加工贸易发展的主要目标设计执行中，其优化出口商品结构的结果并不尽如人意"②。而李未无（2010）则认为，裴长洪和李健的研究论据较为宏观，"主要集中在诸如初级产品、机电产品和高新技术产品等分类层面上，且采用的方法主要是对比分析各大类出口产品数量、增速及占比的指标变化"。李未无利用 Feenstra 出口产品净种类变动指数对 2005—2008 年我国对日本 HS 九分位上的出口产品结构进行了计算分析，从总体上看，2005 年以来中国外贸调控政策产生了明显的效果③。

（三）对有关争论的简评

关于转变外贸增长方式和发展方式效果的研究，其根源主要在于评价指标和样本选取不同。例如，裴长洪和李健研究的样本基本相同（注：李健的研究结果没有具体计算过程和结果），但是，李健以一般贸易占比提升、东中西部协调发展、出口市场多元化、出口商品价格指数提升等作为转变外贸增长方式效果的衡量指标。而裴长洪则以技术含量提高作为转变外贸增长方式效果的衡量指标，进而以机电产品和高新技术产品出口占比作为技术进步的替代指标。"我国高新技术出口的 80% 以上是外资企业的加工贸易"，"信息技术产品在机电产品出口总额中占 80% 左右"④，因此，机电产品和高新技术产品占比同加工贸易占比具有较强的相关性，所以，裴长洪和李健得出相悖的结论也就是必然结果。李未无则是借鉴 Feenstra、Funke 和 Hummels 等人的研究成果，以"出口产品中新产品种类越多，该国出口产品技术含量一般也越高"为前提进行研究的。由于假设不同导致了三者选择的评价指标和方法不同，因此结论也存在较大差异。

还有研究成果专门对贸易政策效果或竞争力评价指标进行了研究。例如裴

---

① 李健. 以转变增长方式促进外贸稳定增长，国际贸易，2009（1），P8
② 裴长洪，中国贸易政策调整与出口结构变化分析：2006～2008，经济研究. 2009（4），p11
③ 李未无，中国外贸政策调整效果研究，财贸经济，2010（3），P79～84
④ 裴长洪，中国贸易政策调整与出口结构变化分析：2006～2008，经济研究. 2009（4），p14

长洪（2002）指出国际竞争力包括产品竞争力、企业竞争力、产业竞争力以及国家竞争力，其中，分析产品和产业国际竞争力需要设立显示性指标和另一类是分析性指标①。霍强、罗卫（2008）从外贸结构、外贸综合效益、外贸安全、外贸发展基础 4 方面构建了外贸增长方式评价指标体系，对中国外贸增长方式进行了综合评价。汪素芹（2011）从外贸规模、外贸结构、外贸效益、外贸可持续发展、外贸竞争力 5 个方面构建了外贸增长方式及其转变的评价指标体系，采用层次分析法计算综合评价值，对外贸增长方式转变绩效进行了评价。研究结果表明：数量指标显示外贸规模不断扩大，业绩突出；结构指标显示外贸结构提升业绩平平，虽然结构指标在波动中不断优化，但是优化程度不够；效益指标显示外贸效益逐渐上升，但环境效益指标较差。从总体上来看，转变外贸增长方式的任务仍然十分艰巨②。王宇华（2010）从目标层、准则层、子准则层、指标层角度，建立了一个 25 个评价指标的外贸增长方式转变评价指标体系，对浙江省的外贸增长方式转变成效进行了评价，结果为"'十一五'期间外贸结构、外贸效益转变效果不理想，主要是由于出口结构、竞争优势、经济效益的转变度差所致"③。

　　总之，这些研究成果对指标构建和计算方法的研究更加科学，部分成果还对样本进行分阶段研究观察，但是仍旧存在上文的问题，即指标的选取仍旧是建立在不同假设基础上的。尽管在外贸政策调整效果方面依旧存在较大争议，但是，随着发展环境的变化和认识的深入，对外贸转型发展内涵的研究不断丰富，转变外贸增长方式已经无法涵盖其范畴，转变外贸发展方式成为各界的共识。

二、关于转变外贸发展方式的研究

　　经济发展方式的内涵比经济增长方式更广泛、更深刻，包括发展的动力、结构、质量、效率、就业、分配、消费、生态和环境等因素等。随着我国贸易大国地位的确立和金融危机以来经济全球化趋势与模式的发展，国内对"转变外贸增长方式"的认识不断深化，"转变外贸发展方式"成为了该领域研究的热点问题。

①　裴长洪，王镭．试论国际竞争力的理论概念与分析方法．中国工业经济．2002（4）．P41
②　汪素芹．中国外贸增长方式转变的绩效研究，南京：南京大学出版社．2011 年
③　王宇华．基于 AHP 的外贸增长方式转变实证研究．国际商务研究．2010（4）．P10

（一）基于战略角度的解释。商务部重大课题《后危机时代中国外贸发展战略研究》（2009）从战略角度探讨了转变外贸发展方式的内涵。课题组认为在发展战略上，要从出口导向型向进出口均衡、内外需协调发展战略转变。在后危机时代，为推动对外经济发展方式转变，中国外贸发展新战略的内涵为："加快转变外贸发展方式，着眼于自主创新发展，着力提高发展的质量与效益，提升中国制造与中国服务的国际竞争力"。中国外贸发展新战略的定位是"全面融入全球化，发挥综合优势，拉动经济增长，促进社会和谐，提升国际地位"[①]。

（二）基于经济学含义的解释。裴长洪（2011）提出了转变外贸发展方式的经济学涵义。裴长洪对"价格的贸易条件"和"微笑曲线"等理论的局限性进行了反思，从八个方面总结回顾了中国外贸应对国际金融危机冲击的主要经验。在此基础上，指出转变外贸发展方式的经济学涵义应依次包括：转变外贸的国民收益方式和格局、转变外贸的竞争方式、转变外贸的市场开拓方式和转变外贸的资源利用方式四个方面[②]。裴长洪以例举的方式，就相应的考核指标体系提出了一些初步的建议。其中，关于出口的指标包括：商品和服务出口部门的就业人数和贸易增长速度；商品和服务出口贸易占世界市场份额的增减趋势；加工贸易出口增值率；高新技术产品出口在总出口中的比重；中西部省区在全国出口贸易中的比重；不同行业出口商品的出口换汇成本；出口产品中的碳含量和能源消耗等内容。

还有研究学者从更加广泛的视角审视了转变外贸发展方式的内涵，例如，刘振林（2011）就提出，"为提升外贸发展水平，并助推经济发展方式转变，应将外贸发展目标从数量扩张提升到提高我国经济素质和国际竞争力以及保增长、调结构、促改革、惠民生的高度"[③]。魏磊和蔡春林认为，外贸发展方式转变与我国整体经济调整和结构性改革方向保持一致；要向有利于解决结构性失衡问题的方向转变；要由大向强转变；要从要素禀赋优势向动态比较优势与竞争优势转变；要实现弱化出口产品的劳动力因素向强化资本和知识对出口产品的贡献度的转变；要着眼于信息技术、新能源技术和生命科学技术的开发与

---

① 商务部课题组. 后危机时代中国外贸发展战略之抉择, 中国贸易救济信息网
② 裴长洪等. 转变外贸发展方式的经验与理论分析. 中国社会科学. 2011.（1）77
③ 刘振林. 转变外贸发展方式的目标模式. 人民日报. 2010 年 06 月 25 日

运用，在世界经济下一轮的产业升级中获得战略主动；要实现出口竞争力从要素禀赋优势向动态比较优势与竞争优势转变；要逐步扩大服务贸易比重，促进服务贸易发展①。

（三）基于实务工作需要的解释。自 2009 年 8 月商务部就开始酝酿《关于加快转变外贸发展方式的指导意见》，历时三年有余，是社会各界研究成果的反映。综合钟山（2010）② 和《意见》对转变外贸发展方式的表述，可以从不同角度做全方位的理解（见表 1.1）。

表 1.1　转变外贸发展方式的内涵——基于实务工作需要的理解

角度	概括	具体内容
重要性	适应加快转变经济发展方式	三高三低：对有形要素投入依赖程度高，对无形要素投入依赖程度低。我国外贸国际竞争力主要依赖资源、能源、土地、环境、劳动力等有形要素投入，科技、管理、创新等无形要素投入不足。对二次产业发展贡献度高，对一、三次产业发展贡献度低。
	主动适应国际经贸格局变革	贸易摩擦明显增多；贸易比较利益较少；贸易不平衡较为突出。
	推动贸易强国的战略举措	提升出口商品竞争力、企业国际竞争力、行业组织协调能力和政府参与国际贸易规则制定能力
指导思想	重点、战略、前提（四种意识）、方向等	以调结构、促协调为重点，深入实施科技兴贸、以质取胜、市场多元化和"走出去"等重大战略，强化改革意识、开放意识、创新意识、发展意识，着力提升外贸发展传统优势，培育以技术、品牌、质量、服务为核心竞争力的外贸新优势，提高外贸发展质量和水平，促进外贸可持续发展。

① 魏磊，蔡春林．后危机时代我国外贸发展方式的表述，转变的方向与路径．国际经贸探索．2011（2）．P13

② 钟山．坚定不移地加快外贸发展方式转变．求是．2010（16）．P27～29

角度	概括	具体内容
总体原则	六个协调——根本路径	坚持出口与进口协调发展，促进贸易平衡；坚持货物贸易与服务贸易协调发展，提升规模效益；坚持外贸与外资、外经协调发展，增强互动作用；坚持外贸与内贸协调发展，实现有效互补；坚持多种所有制主体协调发展，发挥各自优势；坚持东部与中西部协调发展，实现外贸全方位发展。
发展目标	四个提升 四个优化——重要内容	目标是巩固贸易大国地位，推动贸易强国进程。四个提升见上。 进一步优化主体结构，做强大企业，扶持中小企业发展；进一步优化商品结构，稳定传统优势产品贸易，推动知识产权、品牌、高附加值产品贸易；进一步优化市场结构，巩固传统市场，开拓新兴市场，培育周边市场；进一步优化贸易方式结构，做强一般贸易，提升加工贸易，发展其他贸易。
主要任务	八大举措演变为十一项任务	优化外贸国际市场布局、优化外贸国内区域布局、加快外贸转型基地建设、加快贸易平台和国际营销网络建设、提升出口商品品牌与质量、提升加工贸易、加快"走出去"带动贸易、发展边境贸易、发展服务贸易、促进贸易平衡、提高贸易便利化水平

注：根据《意见》和钟山《坚定不移地加快外贸发展方式转变》一文整理

在《中国的对外贸易（2011）》白皮书中，国新办也对转变外贸发展方式做了说明。其主要内容和《意见》相同，但是，基于皮书功能作用的需要，其还特别突出强调了以下几个方面：加快推进外贸发展中的节能减排、加强与贸易有关的知识产权保护、提高出口商品的质量和安全要求、增强进出口企业的社会责任意识和促进战略性新兴产业的国际合作。

（四）对相关研究的简评

针对我国出口贸易发展现状和转变外贸发展方式内涵，理论研究者和实务工作部门提出了具体的发展路径、保障措施和工作机制。普遍认同的观点是鼓励技术创新和产品升级、支持具有自主品牌和高附加值的产品出口、推进体制改革、努力扩大服务贸易大力发展服务业、优化出口结构、推动加工贸易转型升级等等。也有部分学者从独特的角度对外贸转型升级进行了研究。例如，李俊（2011）应用要素贸易理论提出"应从产业开放向要素领域开放升华"。商务部研究院课题组（2011）从出口商品结构和产业结构互动关系的角度提出，"我国 GDP 规模已跃居世界第二，国内市场规模巨大的优势日益凸现"，应实施国内市场提升国际市场地位的策略。这些众多发展路径和政策建议，具有重要意义，但是，也还尚存需要深化之处。

第一，关于出口贸易转型升级，特别是关于出口加工企业发展的研究，尽管文献众多，但是，也存在一定不足。一是偏于概念框架范式的逻辑演绎和统计数据的抽象计量检验，没有反映加工贸易转型升级最新实践的需要和经验。江苏省积极推进加工贸易转型升级（例如，苏州被商务部、人社部和海关总署确定为加工贸易转型试点城市），在实践中遇到了新的问题和认识不断深入，需要提供新的理论支持和经验总结。二是现有研究成果偏重路径和对策建议，而对加工贸易转型升级绩效和风险的微观研究不足。裴长洪（2011）在考虑营业收入、利润总额和就业总量等指标后，提出立体微笑曲线的概念。并从国民收益改善的角度，对加工贸易存在的必要性进行了分析。韩中和（2008）、吴解生（2010）和王世文（2011）等曾通过问卷调查或案例分析，对相关问题进行了探讨研究，其研究结论并不完全支持当前普遍认同的路径与对策建议。戴翔（2011）则研究了出口市场选择与贸易转型升级的关系，证明并不存在要素禀赋和重叠需求理论预期，而是以发达市场为出口市场更有利于出口贸易转型升级。但是，总体而言该方向的研究还相对较少。

第二，国内已形成大量关于外贸方式转型的研究成果，这些研究多是围绕优化外贸结构、提升国际市场竞争力展开的，而忽略了外贸发展方式转型对策和目标之间的研究。就外贸发展方式转型目标——政策工具之间的研究，近年来已有的成果可以归纳为以下几个方面：

其一是关于出口导向贸易均衡增长的研究。在我国宏观经济内外均衡目标政策协调的文献中，对汇率、关税和收入变化对外贸均衡等问题已有所研究，但是缺少在外贸方式转型范畴之内关于外贸均衡影响的研究，而是将其视为外生变量。此外，"十二五"规划纲要指出，要发挥进口对中国宏观经济平衡和结构调整的重要作用，优化贸易收支结构。陈建奇（2011）和宋国青（2011）利用贸易条件变化理论分析了进口战略和贸易平衡之间的关系，认为进口价格上升导致的进口额上升不利于国民福利的改善。陈建奇（2011）指出在进口价格稳定的情况下，进口增长对应内需的同步扩大，是实现经济稳定增长与贸易失衡缩小的条件。

其二是关于贸易结构优化和经济增长关系的研究。王勇齐（2006）采用VAR模型计量证明，中国贸易结构并没有显著影响经济增长。Mani（2009）和杨丹辉（2011）也对基于产品内分工模式下的出口产品结构优化提出了质疑，认为是一种"统计假象"。商务部研究院课题组（2011）也认为我国资本和技术密集型产品缺乏核心技术，仅仅进行简单加工和组装，实际上仍主要靠廉价劳动力。而袁其刚（2011）采用VAR模型则认为2002年后贸易结构促进经济增长的路径已由资本积累转变为技术进步。如果将贸易结构与人力资本做交叉分析就会发现，贸易结构在2002年后对经济增长的促进效应增长了近一倍。

其三是关于外贸规模和生产率关系的研究。作为热点研究领域，国外产生了许多经典之作，例如，Helpman（2004）分析了贸易和经济增长之间存在的四种影响机制。但是实证研究结论却存在较大差异。国内研究情况也大致如此，汤二子等（2011）基于面板数据实证研究表明，中国制造业出口企业的自我选择效应并不显著，存在"生产率悖论"。由于自我学习效应不显著和规模报酬递减导致出口中学习效应也不显著。戴觅（2011）的研究表明加工贸易企业生产率低下是导致纯出口企业和出口企业效率低于非出口企业的重要原因。但是，易靖涛等（2011）利用浙江省企业层面的数据证明，自我选择效应和出口学习效应在企业层面的出口行为中显著存在。企业生产率、企业规模和产业维度的技术溢出在自我选择和出口学习中都发挥了重要的作用。钱学锋等（2011）对进口种类与中国制造业全要素生产率进行了研究，证明水平效应和直接竞争效应存在显著差异，并受到进口来源国和行业技术水平的影响。

其四是关于多变量因素对贸易发展方式转变效应的影响。例如，朱启荣（2011）利用主成分分析和回归分析法进行了多元统计分析，证明制度变迁、技术进步与人力资本积累对外贸发展方式的影响较大，而产业结构对外贸发展方式的影响较小。目前这方面的研究成果还相对较少，并且存在不足。

第四节　研究思路

从以上文献概述可知，《关于加快转变外贸发展方式的指导意见》和《中国的对外贸易（2011）》白皮书提供了转变外贸发展方式内涵的一个完整框架和所有核心概念。相关理论研究成果提供了更加细致深入的思辨方向和研究基础。转变外贸发展方式具有丰富的内涵，"今后一段时期，我国对外贸易发展的目标是巩固贸易大国地位，推动贸易强国进程"，但是，推动贸易强国进程还必需兼顾和适应"加快转变经济发展方式"和"国际经贸格局变革"要求的统一协调。当前，"四个提升"和"四个优化"构成了推动贸易强国进程的主要内容，但是，"四个提升"和"四个优化"并不意味着外贸发展方式就适应了"加快转变经济发展方式"和"国际经贸格局变革"，特别其是和"国际经贸格局变革"甚至存在一定冲突。

　　因此，竞争力并不能解决当前外贸的所有问题。外贸转型升级不仅仅要考虑如何提升竞争力，而需要关注新时期外贸战略的思考与调整。外贸战略调整需要兼顾 GDP、就业、资源、环境、内外均衡和生产率提升等多因素，需要重新做出选择。外贸转型升级不仅仅是指优化主体结构、商品结构、市场结构和贸易方式结构等内容，也不仅仅是流程升级、产品升级、功能升级和部门升级，应有更丰富的内涵和更具体的指标。从转变贸易方式的 11 项任务来看，其也存在复杂的变数。以第一项任务"优化外贸国际市场布局"来看，实现市场多元化不仅面临开拓新市场本身固有的难度，而且，新兴市场国家制度及基础设施的不完善、与发达国家市场间产品的可替代程度等因素对市场多元化的影响都需具体分析。还有要素禀赋和重叠需求理论预期不存在，导致市场多元化可能会产生影响出口贸易产品结构升级等。在以"走出去"带动贸易为例，对外直接投资是产生的出口带动和出口替代效应还需量化比较。

　　尽管，已存在不少关于转变外贸增长方式的研究成果，但是，系统化的研究和关于最新实践任务、实践经验的研究尚需深化细致。如上所述，实现外贸发展方式转变是一个系统工程。背景、原则、目标、任务、政策、措施和保障体制各部分和内部各部分之间相互影响、相互作用。描述统计和案例分析尽管存在由样本推断总体的不科学性，但是面对复杂多变的现状和样本数据不足或样本广泛分散的情况，其是一个次优的选择方案，在研究效果的深化上更具有说服力，具有内容丰富、灵活、具体、针对性强的特点。江苏省特别是苏州市是全国出口贸易发达地区，对外贸转型升级的路径应不断探索，具有较强的代表性。而电子产品代工企业占全国出口加工贸易的 80%，对研究提升代工企业和出口加工贸易竞争力具有有力的说服力。

本书共分三部分。第一部分（第二章）通过对全国统计数据的描述统计分析，论述了出口贸易发展战略层次和国际竞争力策略层面面临的挑战，并提出出口贸易转型和优化出口贸易转型升级的对策。

第二部分（第三、四章）从两方面对优化出口环境，提升出口企业国际市场竞争力进行了分析。其中，第三章分析了改善金融服务和出口贸易便利性对优化出口企业营商环境的意义与策略。第四章分析了完善贸易摩擦应对机制优化外部市场环境的现状与对策。其中，分别对吴江市、江苏省的情况进行了具体分析。

第三部分（第五、六、七章）从三个方面对出口贸易部门转型升级这一主题进行了具体分析。其中，第五章以电子产品代工企业发展面临的挑战为例，具体分析了代工企业转型升级的长期与短期策略。第六章以苏州市纺织产业为例，具体分析了传统支柱产业转型升级的对策。第七章，以苏州市为例，具体分析了培育发展新兴产业的对策。

第二章

出口贸易发展的现状与对策

改革开放以来，抓住经济全球化的机会，我国不断扩大对外开放，经过多年发展，已跻身世界贸易大国前列。其中，出口贸易也已成为中国经济最活跃、增长最快的部门之一，有力地推动了我国现代化建设，也促进了我国与世界的紧密联系。但是，我国出口贸易也面临多种挑战，需要不断优化出口贸易发展环境和加快发展模式转型升级，实现发展战略和策略两方面的转型。

第一节　出口贸易对我国经济发展的意义

一、出口是经济增长的重要需求拉动力

作为一定时期一定区域内所产出的全部最终产品和服务市场价值总和的统计指标，GDP 能够较好地反映某国家（或地区）的生产能力。GDP 具有综合性强和易获取等优势，成为度量经济增长广泛使用的指标。关于出口与经济增长之间的关系的研究，也往往转变为在支出法国民收入恒等式基础上对最终消费、资本形成和与国内生产总值之间的关系比较的研究。

国内最初计算外贸（或出口）对经济增长贡献的方法是利用支出法恒等式进行的。令 Y 为国内生产总值，C 为消费，I 为资本形成，X 为出口，M 为进口，（X － M）为净出口，则支出法恒等式为 G ＝ C ＋ I ＋ X － M。然后，在此基础上做适当变形，就可以计算各组成部分对国内生产总值增长率的贡献。该方法简便直观，但是没有考虑出口和进口两个变量的性质以及出口、进口、消费和投资这些变量之间的相互关系，往往低估出口、净出口对 GDP 增长的贡献率。对经济运行过程的直接观察往往与计算得出相反的结论——出口

滑坡往往是造成经济增长率下降的重要影响因素①。林毅夫和李永军、沈利生（2004）、李占风（2009）等多人对该问题计量方法进行了修正，但是，至今所得结论仍旧存在很大差异。

从经济学理论意义来看，支出法国民收入恒等式主要突出三大需求对短期均衡的决定作用，是需求决定论的基础。因此，研究该问题的一个简单方法是回到对三大需求关系的研究。由图2.1可知，自1982年到2010年，出口需求占三大需求比重从7.7%提高到23.8%，2006年和2007年曾经高达29%。而同期最终消费的比重却从62.3%降到37.6%，其中，居民消费的比重更是从48.7%降到26.8%。可见出口和居民消费在最终消费者的作用已经大致相当，2006、2007年居民消费占比甚至略低于出口占比。尽管以统计年鉴支出法核算的资本形成、最终消费和出口为计量变量，多数结论结果表明投资和出口存在相互因果关系，但是，经济学意义上的投资（注：不同于统计年鉴中的资本形成）属于引致消费。

当前出口已经成为拉动我国经济增长"三驾马车"中的重要部分，出口的波动必然引起总需求的波动，对短期经济均衡造成较大冲击。而居民消费在多数情况下具有稳定性，不会发生大起大落。因此，当面临出口需求快速下降时，为保持短期经济均衡，就不得不扩张投资。而投资扩张又必需依赖消费、出口增加来吸收新增加的供给，才能回归供求均衡。

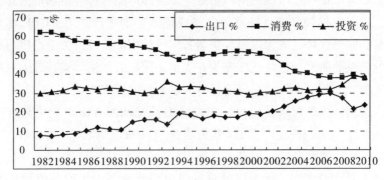

图2.1　1982～2010年最终需求占总需求比重比较

注：数据来源同图1.1

①　林毅夫，李永军．必要的修正——对外贸易与经济增长关系的再考察．国际贸易，2001（9），P22～26

二、出口对社会福利影响的估计

从一般均衡角度看，出口贸易对中国国民福利改善也具有重要意义。出口贸易不仅构成了我国最终需求的主要部分，也是我国（特别是沿海开放城市）城市化和工业化的重要推动力，对实现农民向城市转移和增加农民收入发挥了重要作用。

从统计年鉴无法获得出口贸易部门的就业人数和工资情况，但是，可以从有关数据做大致的判断。以制造业为例，近年来，制造业增加值占国内生产总值的比值保持在 60% 以上，是我国居民就业的重要国贸经济部门。2003 ~ 2010 年间，制造业部门就业人数保持在 27% 到 29% 之间，即解决了中国 1/4 以上的就业岗位。制造业固定资产投资占全国的比重也保持在 30% 左右，带动了相关行业的就业和发展。尽管制造业人均工资低于全国平均水平（为 85% 左右），但是，期间人均工资和工资总额均保持两位数的增长速度，且工资总额增长速度高于全国工资总额增速。而从 2004 年至 2009 年期间，工业制成品出口额占全国商品出口额的大约 94%，工业制成品出口额相对全国制造业增加值也保持了较高的水平，一直是出口的最主要部门。由此，可以大致推断出口对我国解决就业具有重要意义。特别是制造业的发展对解决农村剩余劳动力向城市转移，提高其劳动报酬，扩大中国人民的福利做出了较大贡献。

表 2.1　2003 ~ 2010 制造业发展同全国比较　　　　　　单位：%

年度	固定资产投资额			就业人数			工资总额			人均工资		
	A	B	C	A	B	C	A	B	C	A	B	C
2003	26.4	——	——	27.2	——	——	24.6	——	——	90.7	——	——
2004	27.8	33.3	26.8	27.5	2.4	1.2	24.5	14.4	14.9	89.5	12.5	14.0
2005	29.9	35.7	26.0	28.2	5.2	2.7	24.5	17.1	17.1	87.5	11.8	14.3
2006	31.0	28.3	23.9	28.6	4.4	2.7	24.9	19.0	17.6	87.4	14.4	14.6
2007	32.4	30.6	24.8	28.6	3.4	2.7	24.6	20.0	21.5	85.5	16.0	18.5
2008	32.8	27.4	25.9	28.2	-0.9	1.4	24.1	17.4	19.7	84.4	15.4	16.9
2009	31.4	24.5	30.0	27.8	1.7	3.1	23.1	9.5	14.2	83.1	9.9	11.6
2010	31.9	25.5	23.8	27.9	4.2	3.8	23.6	15.3	13.3	84.6	15.3	13.3

注：表中 A 代表各指标项下制造业占全国的比重；B 代表各指标项下制造业环比增速；C 代表各指标项全国增速。资料来源：根据 2011 年《中国统计年鉴》整理计算

表 2.2　2004～2009 年工业制成品出口情况比较　　　　单位:%

年度	A	B	C	D	E
2004	88.4	55.5	32.4	337.6	93.2
2005	97.5	58.2	32.7	197.0	93.6
2006	103.0	60.3	32.9	175.5	94.5
2007	101.5	61.9	32.9	167.9	94.8
2008	92.6	63.7	32.7	195.9	94.6
2009	70.6	61.4	32.3	215.0	94.7

表中各字符号含义：A：工业制成品出口/制造业；B：造纸业/国内生产总值；C：工业制成品出口/（制造业＋工业制成品出口）；D：工业制成品净出口额/净出口额；E：工业制成品出口额/出口额。

数据来源：根据 2006～2011 年《中国统计年鉴整理》，各年统计年鉴关于制造业增加值的数据均滞后 2 年，因此，本表数据截止到 2009 年。

三、出口是技术进步的重要推动力

作为热点研究领域，国外产生了许多经典之作，例如，Helpman（2004）分析了贸易和经济增长之间存在的四种影响机制。但是实证研究结论却存在较大差异。国内研究情况也大致如此，汤二子等（2011）基于面板数据的实证研究表明，中国制造业出口企业的自我选择效应并不显著，存在"生产率悖论"。由于自我学习效应不显著和规模报酬递减导致出口中学习效应也不显著。戴觅（2011）的研究表明加工贸易企业生产率低下是导致纯出口企业和出口企业效率低于非出口企业的重要原因。但是，易靖涛等（2011）利用浙江省企业层面的数据的证明：自我选择效应和出口学习效应在企业层面的出口行为中显著存在。企业生产率、企业规模和产业维度的技术溢出在自我选择和出口学习中都发挥了重要的作用。钱学锋等（2011）对进口种类与中国制造业全要素生产率进行了研究，证明水平效应和直接竞争效应存在显著差异，并受到进口来源国和行业的技术水平的影响。尽管，在实证方面还存在这样那样的争论，但是，对外贸易发展有力推动了中国技术进步、生产率提升和现代化建设，还是毋庸置疑。通过参与国际分工与竞争、在贸易实践中学，出口贸易极大促进了中国技术进步和产业升级，提高了企业管理水平和市场竞争力。

第二节　出口贸易发展面临的挑战

一、内外均衡对出口贸易持续发展的挑战

改革开放以来，我国货物出口贸易实现了持续高位增长。2011 年中国货物出口贸易额达 18986 亿美元，分别是 1980 年、1990 年、2000 年的 104.8 倍、30.6 倍和 7.6 倍。1983 年，我国货物出口贸易额仅占世界的 1.2%，而 2010 年已占全球贸易额的 10.6%，已连续三年居世界第一（见图 2.2）。

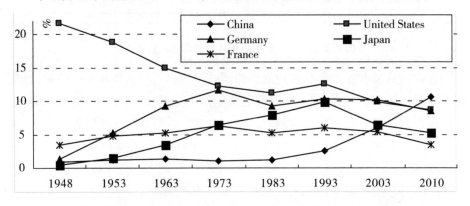

图 2.2　1948～2010 世界部分国家（地区）商品出口占比变动比较

数据来源：，WTO International Trade Statistics，根据表 I.6 整理制作

服务贸易出口国际竞争力也不断增强，规模迅速扩大，结构逐步优化，排名也进入世界前列。近年来，旅游、运输等领域的服务贸易增势平稳，建筑、通讯、保险、金融、计算机和信息服务、专有权利使用费和特许费、咨询等领域的跨境服务以及承接服务外包快速增长。2010 年我国服务贸易出口额（不含政府服务）达 1702 亿美元，分别是 1982 年、1990 年、2000 年的 68.1 倍、29.9 倍和 5.6 倍多。1982 年、2000 年和 2010 年我国服务贸易出口占世界服务贸易出口中的比重分别为 0.7%、2.0% 和 4.6%。2010 年已排名世界第 4 位。

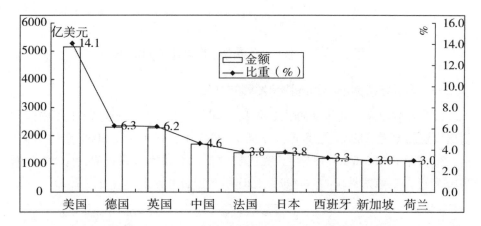

图 2.3　2010 年全球服务贸易前九名总量及占比

在我国商品和服务贸易快速发展的同时，货物贸易差额和外汇储备也快速增长。我国货物贸易在 1990 年以前多数年份都是逆差。1990 年以后，随着大规模承接国际产业转移，工业制成品竞争力增强，出口增长速度超过进口，中国的货物贸易由总体逆差转变为总体顺差。2005 年中国货物贸易顺差首次突破 1000 亿美元，并持续 4 年大幅攀升。2008 年中国货物贸易顺差达到 3607（海关统计数据为 2981）亿美元历史高点，此后逐渐收窄。2010 年货物贸易差额高达 2542 亿美元，是 1982 年的 59.8 倍，占当年外汇储备差额的 53.88%。2008 年分别为 84.9 倍和 76.5%。尽管 2010 年，中国货物贸易顺差占进出口总额的比重和占国内生产总值的比重，在全球贸易差额（顺差或逆差）最大的 9 个国家中，并不处于偏高水平。我国一般贸易和其他贸易方式也存在逆差，服务贸易也长期存在一定逆差。但是，进出口的长期不均衡和顺差急剧扩大导致我国经济面临内外不均衡的挑战，出口结汇造成人民币大量投放，增加了宏观经济调控的难度和复杂性。货物贸易顺差急剧扩大还使得中国与一些贸易伙伴摩擦增多，对人民币形成了持续和较大的升值压力。

表 2.3　1982～2010 年中国贸易差额及外汇储备（亿美元）

年度	货物差额	服务差额	外汇储备	年度	货物差额	服务差额	外汇储备
1982	42	6	70	2004	590	-97	6,099
1985	-131	6	26	2005	1,342	-94	8,189
1992	52	-2	194	2006	2,177	-88	10,663

续表

年度	货物差额	服务差额	外汇储备	年度	货物差额	服务差额	外汇储备
2000	345	−56	1,656	2007	3,154	−79	15,282
2001	340	−59	2,122	2008	3,607	−118	19,460
2002	442	−68	2,864	2009	2,495	−294	23,992
2003	447	−86	4,033	2010	2,542	−221	28,473

资料来源：按照国际收支统计计算，外资国家外汇管理局：外汇统计时间序列数据

二、出口贸易结构不均衡对出口贸易持续发展的挑战——以苏州为例

经济发展战略存在专业化和多元化的选择。在一定发展阶段，一个地区集中做大做强优势产业，可以实现经济快速增长，带动区域经济的跨越发展。但是，世界市场千变万化，如果一个地区经济的发展长期过度依赖单一方面，则经济增长必然存在不稳定性风险。我国多数经济发达地区都保持了较高的出口依存度。2007年，GDP排名前五的城市出口依存度都高达30%以上，其中深圳、苏州和上海的出口依存度分别为174.3%、145.9%和89.8%。同时，出口结构还出现高度集中的特点。出口贸易的高依存度和出口结构的高集中度既是这些最具有活力城市经济发展的动力，但是也构成其经济发展的不稳定因素。

作为外向型经济发展成功的代表地区，其中出口对苏州市经济增长的作用毋庸置疑。在成功实施国际化战略的带动下，苏州市各项指标已率先达到小康标准，在全国具有较强的示范作用。但是，类似苏州这样出口贸易依存度高的地区，出口贸易结构不均衡对出口贸易持续发展也构成了一定挑战。以金融危机或其它突发事件对苏州出口的冲击为例，苏州市经济存在过度依赖出口和出口市场、出口方式、出口主体和出口商品过度集中的现象。在2008年的全球金融危机中，这种高度集中现状的负面影响已经有所凸显。

（一）苏州市出口贸易高度集中的特点

苏州市经济发展存在对出口贸易的过度依赖性。由于强势政府的有力推动，和苏州市本身具有的比较优势，苏州市出口贸易迅速发展。从统计数据看（见表2.4），金融危机爆发前的2007年出口总额是2000年的10倍还多，出口总额平均年增长率高达39.27%，出口贸易依存度由不足57%提高到145.9%。出口成为拉动苏州市经济增长的主要动力，2007年苏州市出口总额

达 1188.84 亿美元，排名全国第三，占全国出口总额的 9.2%。当年苏州市社会消费品零售总额 1250.05 亿元，全社会固定资产投资 2366.36 亿元。以 2007 年 12 月 28 日人民币对美元汇率中间价 7.3046 折算，其分别仅占出口的 14.40%、27.25%。

表 2.4　2000～2007 年苏州市出口总额、贸易结构比较

年份	出口总额		机电产品出口额		高新技术产品出口额		加工贸易出口额		外商投资企业出口额	
年	亿美元	增长(%)	亿美元	占比(%)	亿美元	占比(%)	亿美元	占比(%)	亿美元	占比(%)
2000	104.81	51.30	62.34	59.50	——	——	——	——	82.50	78.71
2001	123.07	17.40	77.00	62.60	47.22	38.40	90.89	73.85	97.11	78.91
2002	185.21	50.50	128.24	69.20	85.65	46.20	140.39	75.8	152.44	82.31
2003	656.63	80.40	250.89	76.90	178.95	54.80	261.47	39.82	281.63	42.89
2004	507.74	55.60	402.53	79.30	291.47	57.40	416.71	82.07	451.92	89.01
2005	743.94	37.90	576.00	82.30	414.70	59.00	579.80	77.94	630.00	84.68
2006	946.85	30.01	773.23	81.40	558.58	59.00	774.63	81.81	852.62	90.05
2007	1180.00	24.60	957.50	81.10	650.00	55.10	942.00	79.83	1055.00	89.41

注：数据根据苏州市统计局网站各年"苏州市国民经济和社会发展统计公报"整理；
　　"——"表示当年统计公报该项数据不详；

在出口总额快速增长的同时，苏州市出口贸易结构呈现出高度集中的特点。在出口市场方面，苏州市对欧盟、美国市场的出口保持了高度的依赖性。2006 年，苏州市对欧盟和美国市场的出口占全市出口总额（下文简称出口占比）的 51.85%，2007 年进一步提高为 53.61%。其中对欧盟出口占比为 28.60%，对美国出口占比为 25.01%，是日本和香港的 3 倍左右。如果考虑对香港的出口中还有很大比例是对欧美的转口贸易，则对欧盟、美国的出口占比会更高。在出口主体方面，苏州市出口主体以外商投资企业为主，总体呈上升趋势，2007 年出口占比为 89.41%。在贸易方式方面，2004 年以后加工贸易出口占比稳定在 80% 左右。在出口商品方面，2007 年比 2000 年机电产品出口占比提高了 21.6%，高达 81% 以上。高新技术产品出口占比也大幅提高，近年来一直稳定在 50% 以上。

（二）苏州市出口贸易高度集中存在的风险

产业的集聚、市场的集中固然存在很多优势，但是，也构成了苏州市出口稳定增长的较高风险。由于出口市场、出口主体、出口贸易方式和出口商品高度集中，对欧美市场的出口、外商投资企业出口、加工贸易出口、机电产品出口和高新技术产品出口对出口存在较大的影响力，其中任一方面或几个方面增速的变化都将导致出口增速的较大变动。又由于苏州市经济对出口的高度依赖性，出口的增速变化又将影响经济的稳定发展。

2001 年，尽管苏州市对亚洲出口增长 25.7%，对非洲增长 23.8%。但是，受 911 事件影响，苏州市对美国、欧盟出口仅增长 4.8% 和 11.4%，比上年分别回落 30 和 53 个百分点，成为当年出口增速大幅回落 33.9 个百分点的主要原因。

2008 年以来，苏州市出口的增幅明显回落。当年前 10 月，累计出口增长 16.8%，增幅低于上年同期 10.7 个百分点。1、2 月份的增幅更是低于上年同期 30 个百分点以上。虽然，出口增幅加速回落可能会是多种因素共同作用的结果，但是，过度集中的出口结构毫无疑问是重要的原因。

从市场方面看，2008 年前 10 月苏州市对欧美的出口增速低于全市平均增速。2007 年前 10 月苏州市对欧盟的出口增速比 2006 年同期提高 9.1 个百分点，但是，2008 年前 10 月却比 2007 年同期下降高达 34.3%。2007 年前 10 月苏州市对美国的出口增速比 2006 年同期小幅回落 4 个百分点，2008 年前 10 月累计出口增速却回落 13.7 个百分点。此外，由于欧盟和美国需求下滑还引致对香港出口的大幅下降。从产品结构方面看，2007 年苏州市机电产品出口占 81.10%，是主要的出口商品。2008 年前 10 月苏州市机电产品累计出口同比增速 14.2%，仅为 2007 年同期的二分之一强，不及 2006 年同期的一半。主要出口市场、产品增速的大幅下滑造成了 2008 年苏州市出口增速的大幅回落。

三、当前出口贸易环境方面面临的主要挑战

从历史动态比较和横向前瞻比较的角度看，当前出口环境面临众多挑战。过度依赖出口带动经济发展的模式蕴含着潜在的风险，失去出口稳定却是现实的风险。考虑出口对于"保增长"、"促转型"和"调结构"等目标的意义，如何实现出口在高位水平上的稳定，是需要理论和实务界高度关注的新课题。

（一）进口国经济不振对出口需求的挑战

欧美是我国最大的出口国家和地区，欧美经济衰退将造成该国进口需求滑

落。2009 年，美国失业率达 10.2%，2010 年以来仍旧维持在 10% 上下的高位。实际失业率可能接近 17%，经济呈现"无就业复苏"的特点。受高失业率的影响，美国消费者信心指数处于低位。消费是美国经济增长的主要拉动力，消费者信心的缺乏，将造成美国内需不足，制约美国经济的增长和全球国际贸易复苏。

为了创造更多就业机会，美国经济正在发生的转型："由消费和负债型经济向出口和储蓄型经济转变"。在未来五年内，美国将实现出口翻一番的目标，年均增长率需要达 14% 以上，比前 60 年高 6.7 个百分点。美国进口需求不振和国内政策的转变，将构成包括我国各地区稳定出口增速的挑战。

金融危机可谓"起源美国，重伤欧洲"，2009 年以来欧盟 GDP 的增长率和消费者信心指数等一系列指标更是弱于美国，2009 年苏州对欧盟的出口增长率为 - 17.1%，远低于全市平均水平 - 13.39%。严重的主权债务危机，将使欧洲经济的复苏远比美国更加复杂艰难，影响我国对欧美出口的复苏。

出口市场多元化能够分散风险，开拓新兴市场，可以对冲对欧美日市场出口的下降。但是，我国对新兴市场出口增长态势的持续性，和其平衡欧美日进口需求下降的能力都具有不确定性。事实上，对新兴市场的出口远比对欧美日出口具有更大的不稳定性。此外，产品结构转换成本和交易成本，以及针对中国的贸易摩擦数量金额屡创新高、形式更趋多样化、领域不断延伸、发起国日趋"全球化"，也构成了寄希望于出口市场多元化以稳定我国出口需求的又一挑战。

（二）成本上升对出口企业竞争力的挑战

以苏州市工资为例，2010 年月最低工资标准调整为 960 元，是 1995 年的 4.57 倍。2003 年苏州市在岗职工年平均工资为 18971 元，2009 年为 40300 元，增长 2 倍多。但是，2010 年上半年全国 14 个省市上调了最低工资标准，苏州上调幅度排名倒数第二，调整后苏州和其他地区的最低工资差距明显缩小。考虑政府的政策取向、刘易斯拐点、富士康和本田加薪的示范效应等因素的影响，未来我国职工工资仍将保持持续增长态势，甚至可能出现快速反弹上升态势。

以原材料为例，金融危机前，原材料呈现的是一轮的上涨。金融危机期间，2008 年国际大宗商品价格曾有大幅回落。但是这股大宗商品价格远比全球经济和国际需求恢复的快。例如，截止 2009 年 6 月末，原油 - 塔皮斯现货价格已几乎恢复到了 2007 年金融危机前的水平。棉花价格 328 指数、集装箱运输市场 HRCI 国际集装箱租船指数等，2009 年年末以来也保持持续快速、大幅上涨态势。原料生产成本和运费的波动与上升，使部分出口企业在"保客户"和"保利润"之间进退两难。

（三）汇率走势对出口企业经营能力的挑战

2005 年到 2007 年，人民币对美元环比升值 2.4839%、3.1056% 和 5.7299%，累计达 20% 以上。人民币升值以来，尽管我国出口的增长速度有所减缓，然而，出口仍呈现高速增长的态势。过去，汇率升值并非一定会对苏州的出口产生不利影响。但是，在当前人民币对美元已经有较大累计升幅、国内生产成本持续上升、规模经济效应递减和对冲政策缺乏等多个不利因素叠加情况下，人民币升值以及汇率波动加大对我国出口的负面影响将逐渐凸显，成为出口企业不容忽视的压力。

自 2010 年 6 月重启汇改以来，人民币兑美元已经出现了快速升值。但是，美国仍在寻找各种借口施压。未来出口企业将面临汇率波动弹性增大和升值双重考验。汇率对出口的影响，受到贸易方式演变、政策组合演变、企业敏感度、外商投资、财务费用等因素的影响，甚至会出现短期的机会。

（四）外商投资增速下滑对出口供给能力的挑战

以苏州市为例，2009 年外资企业实现出口 984.57 亿美元，占全市的 86.3%，仍旧是苏州出口的主体。相对于巨大的比重差异，以微弱的增长速度优势，实现内资企业对外资企业在出口总额上的替代，还是一个漫长的过程。从 2006 年 1 月到 2008 年 5 月期间，苏州市实际利用外资累计同比增长率均保持在 20% 以上的高位。之后快速回落，自 2009 年 2 月份起，仅仅维持个位数增长，期间近一半的时间处于负增长状态。此外，2009 年，外商投资设备进口仍在低位徘徊。12 月当月，外商投资设备进口同比下降 44.42%，2009 年累计进口 22.05 亿美元，同比下降 52.60%。作为处于绝对出口优势主体的外商投资企业投资意愿的下滑，将构成苏州经济增长的压力。

第三节　对实现内外均衡发展战略的探讨

根据恒等式 $Y = C + I + X - M$，以及我国国内生产总值支出法构成中"三驾马车"的比例实情来看，当前，实现内外均衡是出口转型和优化出口环境的首要战略选择。而实现内外均衡的重要调整之一——就是如何扩大内需中的居民消费部分。实现居民消费的持续快速增长，还需刺激消费和创造供给双重给力。

一、消费对于兼顾外部内部均衡和国民福利改善的意义

如何促进贸易平衡增长是我国优化出口贸易环境，实现可持续发展的战略问题。货物贸易顺差急剧扩大还使得中国与一些贸易伙伴摩擦增多，对人民币形成了持续和较大的升值压力。从国际大环境来说，在 2011 年 G20 国际合作组织会议之后，构建各国对包括贸易收支失衡在内的宏观外部失衡指标体系已成为发展趋势。

以扩大进口促进贸易平衡是我国当前主要的选择。"十二五"规划纲要指出，要发挥进口对中国宏观经济平衡和结构调整的重要作用，优化贸易收支结构。贸易平衡的出路可寄托于进口的快速增长。贸易顺差表现为出口与进口之差，如果进口相对于出口更快增长，那么中国进出口贸易顺差将呈现下降的态势，持续下去必然促使贸易顺差逐步回归合理区间。但是，这样的均衡并不一定就能实现政策的初衷。

第一，可能损害国民福利。出口导向贸易均衡增长是存在较强约束条件的。例如，陈建奇（2011）和宋国青（2011）利用贸易条件变化理论分析了进口战略和贸易平衡之间的关系，认为进口价格上升导致的进口额上升不利于国民福利的改善。陈建奇（2011）指出在进口价格稳定的情况下，进口增长对应内需的同步扩大，是实现经济稳定增长与贸易失衡缩小的条件。

第二，可能引发内部失衡。根据开放经济条件下的收入决定恒等式 $C + S + M = C + I + X$（消费 C、储蓄 S、进口 M 及投资 I、出口 X），实施出口导向贸易均衡增长战略，将导致 M 增大。如果，其他变量保持不变，则必然导致一国经济内部失衡，出现经济增长回落。

实现外部均衡还需综合考虑内部均衡和国民福利改善，实现在国民福利改善条件下的内外均衡。在经济保持稳步增长的情况下，进口较出口更快增长同时伴随以下三种情形：一是投资 I 的更快增长以充分消化进口的商品增长；二是消费 C 的更快增长以消费更多的进口商品；三是投资与消费都出现更快增长以消化进口商品的增加。其中，提高消费对中国经济增长的贡献度具有突出的现实意义。

此外，人类通过消费而存在，消费是人类社会的永恒主题，消费理应成为经济增长的动力。从消费、投资的内在关系看，消费需求是真正的最终需求，投资需求属于引致需求。没有消费需求的投资，是无效的投资，会导致：需求不足——积极的宏观政策——投资扩张——产能过剩——再次需求不足的恶性循环。因此，消费需求应是经济持续增长的根本力量，对整个经济增长起着直接的和最终的制约作用。根据这一观点，实施"刺激消费"的宏观经济政策，是实现内外均衡目标的重要内容。

实现消费增长还需从收入刺激消费和供给创造消费两方面入手，实现短期增长和长期持续增长协调发展，实现经济外部推动和内生增长的协调发展。从经济学理论看，需求决定论强调通过宏观经济政策刺激消费，消费需求的扩张会使实际产出增长，熨平经济的波动。而长期增长论则强调通过市场的内在作用创造消费，扩张消费又可以通过规模效应、经验效应和价格稳定效应激励创新，实现潜在产出的增长。在强调政府政策激励消费作用的同时，也应关注企业创新对于消费增长的根本意义，实现企业创新和需求的良性互动。

二、需求决定理论与政府刺激消费

根据短期均衡模型 $Y = C + I + G + NX$，消费、投资、出口是拉动经济增长的"三驾马车"。首先，国际经验表明目前中国应逐步进入消费需求主导的经济发展阶段。在经济发展的不同阶段，消费、投资、出口三者对经济增长的拉动作用不同。郭其友、芦丽静（2009）通过对美国、澳大利亚、日本经济增长的实证研究，发现人均国民收入在 2000～3000 美元时，消费对经济增长的拉动作用逐步增强。达到 3000 美元后，投资、出口对经济增长的影响呈下降趋势，而消费将成为经济增长的主要动力[1]。为了说明消费拉动经济增长的可能性，可以具体比较消费、投资和出口对中国 GDP 总量增长弹性的大小。李占风（2007）对中国 GDP、最终消费、资本形成总额和出口总额真实值的对数序列进行了计量分析，得出最终消费、资本形成总额和出口总额对 GDP 增长的弹性分别是 0.406、0.316、0.173[2]。可见消费具有最大的产出弹性系数。2010 年中国人均国民收入已超 4000 美元。国际经验和国内消费对经济增长的弹性系数都表明现阶段消费对经济增长具有较强的拉动作用，中国具有逐步转

① 郭其友，芦丽静. 经济持续增长动力的转变——消费主导型增长的国际经验与借鉴. 中山大学学报中山大学学报（社会科学版）. 2009（2）：194

② 李占风. 消费对经济增长拉动作用的计量分析. 统计与决策. 2008（21）：90～91

向以消费为主导的经济增长的可能性。

其次，居民消费能力逐步增强是中国消费拉动经济增长的经济基础。1978～2009年以来，城镇和农村居民家庭人均可支配收入分别增长49倍和37倍。居民储蓄余额总额已高达260771.7亿元，人均储蓄余额为19538元，分别增长1237倍和891倍。而同期，城镇和农村家庭的恩格尔系数则分别下降36.5%和39.5%（见图2.4）。人均可支配收入和储蓄存款余额的提高提升了居民的消费能力，表明我国居民具有巨大的消费潜力。而恩格尔系数的下降，又提升了消费者的消费自由度，为消费拉动经济增长创造了良好的经济环境。

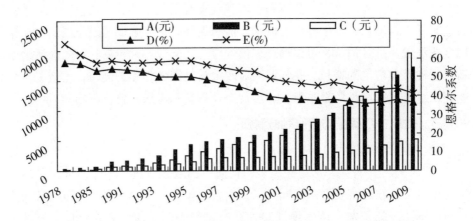

图2.4　1978～2009年人均储蓄、居民可支配收入和恩格尔系数比较

注：图例A：人均居民储蓄余额；B：城镇居民家庭人均可支配收入；C：农村家庭人均可支配收入；D：城镇居民家庭恩格尔系数；E 农村家庭恩格尔系数。数据来自《中国统计年鉴（2010）》，或计算整理而得。

三、长期增长理论与企业创造消费

依据需求决定论，得出消费应该成为经济增长的主动力，甚至是长期增长的动力，这只是答案的一个方面。如果仅限于此，会限制在理论上对消费与经济增长关系认识的深化，甚至会带来实践方面的误区。长期增长理论是供给决定论，其主要研究的是潜在产出的增长。而需求决定理论研究的是实际产出的波动问题。根据需求决定论，在供给能力过剩，需求不足成为常态下，依靠外生变量拉动消费需求增长，实现实际产出增长，缩小产出缺口，熨平经济波动。但是，消费拉动实际产出的增长过程并不具有持续性。除了经济在大萧条的情况下，实际产出低于潜在产出的数量是有限的，而实际产出也不能长期不断高于潜在产出。因此，没有潜在产出的增长，需求拉动的实际产出仅是在潜在产出周围的一种波动，并不会成为经济长期增长的动力。此外，如果局限于刺激消费——需求扩展——实际产出增长的思路，就会过度强调消费的需求扩张效应，忽视过度刺激消费可能的风险。以美国金融危机为例，长期依赖负债，或资产价格非理性上涨的虚假收入刺激的消费是一种非理性的"泡沫消费"，到头来"搬起石头砸了自己的脚"，对经济的增长和稳定造成了巨大的负面影响。因此，研究消费与经济增长的关系，还需要从长期增长理论的视角进行分析。

首先，消费是创新激励的必要条件。根据长期增长核算方程：产出增长 =（劳动份额 * 劳动增长）+（资本份额 * 资本增长）+ 技术进步，经济增长被归纳为生产要素的增长和技术进步[1]。其中，技术进步是经济长期增长的持续动力。索洛（1957）对美国非农业私营部门 20 世纪上半叶的研究结论是全要素生产率（TFP）的增长能够解释经济增长的 80%，是美国经济增长的主要源泉（注：技术进步是全要素生产率的主要因素）。乔松森和伊普（2001）使用经过质量调整的资本存量和劳动投入，发现接近 50% 的日本产出增长及超过 40% 的德国和意大利的产出增长可归因于 TFP 的增长[2]。尽管乔松森和伊普的估计大大减少了 TFP 对产出增长的贡献，但是基本的结论依然是全要素生产率的增长带来了经济增长。反之，如果经济增长过度依赖要素的积累，一国就会遭遇"边际报酬递减诅咒"，发生所谓的"亚洲奇迹神话"。

熊彼特（1934）也指出，企业家为追逐垄断利润而进行的创新是经济得以持续增长的原因。技术进步是创新的具体表现，追逐垄断利润是创新的动力。通过专利保护等途径，创新者获得垄断利润。额外的利润又激励创新者不断进行研发投资。但是，如同所有的投资决策一样，只有研发投资收益的现值大于研发的经济成本现值，创新者才会做出创新决策。创新者从新产品中获得的垄断利润越大，创新激励就越大。但是垄断厂商并不一定总有超额利润，也可能仅有正常利润，甚至亏损。垄断利润的获取和消费需求有着密切的关系。

① 高鸿业. 西方经济学. 北京：中国人民大学出版社. 2007 年. 第 640 页
② 索洛. 乔松森的结论，转引自赫尔普曼，经济增长的秘密. 中国人民大学出版社，2007 年. 第 22 页

只有达到一定的消费规模，保持较高的市场需求，创新者才可能获得垄断利润，主动参与市场创新。加里.C.利连（2005）采用营销战略对利润影响策略模型（PIMS），量化分析的结果是"市场份额是决定企业盈利能力的首要因素"，"一般来说，竞争者间市场份额相差10%，就意味着它们税前投资回报率相差5%。①"这一效应对于整个社会同样成立，通过扩张消费，扩大市场规模，有助于整个市场平均投资回报率的提高，提高全社会创新的积极性。

　　消费对企业获利能力的影响是通过规模效应、经验效应和价格稳定效应实现的。规模效应和经验效应产生的动态变化会使企业成本明显下降。其中，规模效应表现为，通过提高生产能力利用率降低单位产量固定成本，通过专业化、物理效应等途径降低单位产量的变动成本。消费扩张引起成本降低的另一原因在于经验效应（experience effect），即生产和销售产品的经验增加，产品的制造成本随之降低。在20世纪20年代，美国Wright - Patterson空军基地注意到，组装一架飞机所需的时间会随组装飞机总数的增加而减少。1970年，波士顿咨询集团指出，产品生产的积累量每增长一倍，销售成本、管理成本等都会下降一个比例。加里.C.利连认为这一比例在10% ~ 30%之间。提高企业投资回报率的另一来源是价格稳定效应。消费扩张后，整个行业面临的市场容量增大，降低了消费需求的价格弹性，有助于保持价格不随产销量增加而下降。综合以上三个效应，消费扩张使成本下降、价格稳定。按照量本利分析法，成本下降和价格不变，企业保本点下降，提高了单位产品边际贡献和利润。利润的增加激励了创新，而创新又提高了生产效率，降低了生产成本，形成良性循环。

　　丹尼森（1985年）对1929 ~ 1982年美国经济增长趋势的分析，有力地支持了这一结论。丹尼森假定全要素生产率主要取决于资源配置状况、规模经济和知识进展。实证的结论是对单位投入产量增长率的贡献依次为知识进展、规模经济、资源配置。其中"知识进展是发达资本主义国家最主要的增长因素"②，而知识进展的范围很广，包括从简单的观察和经验中得来的知识，即经验效应。可见规模经济、经验效应都是决定全要素生产率的主要方面。

---

① 加里·C.利连，阿温德.朗格斯瓦米著.营销工程与应用.北京：中国人民大学出版社.2005年.第197页

② 高鸿业.西方经济学.北京：中国人民大学出版社.2007年.第693页

其次，创新与创造消费之间存在互动关系。消费需求规模的扩张不仅仅是激励创新的市场保证，也是创新实现经济增长的途径。创新固然要以市场为导向，但也可以创造性引导和开拓市场。创新是通过需求的成长来促进大量新产品、新产业的诞生，促进经济增长的。以广为熟悉的太平洋小岛土著人对鞋子的需求为例，不同人给出了不同的答案，有的管理者认为当地人不穿鞋，没有穿鞋的欲望以及购买鞋子的货币，所以没有对鞋的需求。但是，聪明的经营者会发现当地土著人因不穿鞋而生病，穿鞋可以降低生病率。只要让土著人明白穿鞋的好处，土著人就会产生穿鞋的欲望。土著人没有货币，但是土著人有热带水果等丰富的农副产品，可以进行以物易物交换。新产品鞋的引入和新制度水果和鞋的交换属于创新的范畴。可见创新开拓了市场，实现了经济增长和帕累托改进。

市场营销观念强调创新应以市场为导向，市场导向包括反应型市场导向和驱动型市场导向。真正的市场导向并不是单纯接受现有市场，而是能主动帮助顾客接受新的观念和行为。索尼公司的创始人盛田昭夫说，索尼公司的策略并不完全是投消费者所好，而是通过开发新产品去引导消费者消费，激发需求。美国经济的持续高增长源于新技术创新可以不断地创造出对自身的需求[1]。1943 年，IBM 董事长托马斯·瓦森说："我认为整个世界对计算机的市场需求只有五台。[2]"如果当时所有人都持有反应型市场导向的观念，就不会有日后由信息通讯技术、互联网和计算机软件平台构成的"新经济"、"第三次工业革命"。刘树成、李实（2000）指出信息技术革命以不断创新的新产品创造新需求，又以新需求推动了新供给，促进了社会总供求的良性循环，延长了经济扩张期，减小了经济波动的幅度[3]。

美国经济的持续高增长源于新技术创新可以不断地创造出对自身的需求[4]。创新可以通过两个途径实现创造需求。一是在全要素生产率不变情况下，创新对需求的作用。吉川洋（2001）认为"即使手机和电脑生产过程中 TFP 没有成长，需求的成长也会导致生产出大量的产品，这本身就引起了经济

① 谢作诗．李善杰．新经济的增长与波动——以美国为例的分析．上海经济研究．2002（1）．第 38 页

② 贺力平．20 世纪经济增长与现代化发展的经验．国际经济评论，2000（1）．第 29 页

③ 刘树成．李实．对美国"新经济"的考察与研究．经济研究．2000（8）：11

④ 谢作诗．李善杰．新经济的增长与波动——以美国为例的分析．上海经济研究．2002（1）：38

增长，这正是技术革新的创造需求效果"①。二是通过创新提高生产效率，降低了生产成本，使产品价格下降和劳动等要素报酬提高成为可能，可以提高消费者的消费能力。

总之，根据需求决定理论，现阶段通过政策刺激消费将对中国经济增长发挥重要的拉动作用。但是，拉动作用的效果取决与多个前提条件，特别是需求约束的长期存在。需求约束是指实际产出小于潜在产出的缺口，如果没有潜在产出的持续提高，产出缺口就不会成为常态。消费就没有了需求拉动经济增长前提。因此，在关注刺激消费，扩展需求，拉动实际产出增长的同时，还应关注通过市场内在力量创造消费。创新可以通过激发消费者欲望和提高消费者购买力两个途径创造需求。消费扩张又可以产生规模效应、经验效应、价格稳定效应，激励创新者持续创新投资，推动潜在产出的增长。

当前强调扩大消费，提升消费对经济拉动作用，多是注重刺激消费政策。刺激消费的前提是中国有庞大的居民储蓄、人口数量，以及未满足的欲望。刺激消费的途径或是通过公共投资增加就业，提高居民收入，改变居民"无力消费"的现状；或者通过家电下乡，农机下乡等政策，提高居民的购买力；或者通过改革医疗、就业、养老等保障制度，改变居民"不敢消费"现状，提高边际消费倾向。但是，在强调政府作用的同时，不应忽视市场机制自身的作用。企业不应仅仅是消极等待政府"救市"，而是应积极通过创新去"创市"，努力实现创新和需求的良性互动，培育提高市场内生的自主增长能力。

第四节　降低出口贸易发展风险的战略

面对风险与挑战，出口贸易部门应以市场为导向，审慎分析环境的变化，既要看到风险，也要认识到作为经济大国，我国已具备了通过实施提升消费需求战略，化解经济发展过度依赖出口的可能性。而且，当前企业已经具备了较强的市场竞争意识，部分产业已经具有规模、经验、资金等方面的优势，可以实施出口多元化战略和低成本优势再造战略，化解出口过度集中的风险和比较优势断档的风险。

---

　① 吉川洋．技术进步与经济增长．中国工业经济．2001（3）：66

一、实施以市场为导向的多元化战略，化解出口结构过度集中的风险

出口结构应有主次之分，但是，过度集中，特别是忽略市场需求变化的过度集中构成了一个地区出口稳定的潜在风险。过度集中的出口贸易结构难以适应千变万化的市场，造成了出口贸易稳定的脆弱性。在中期，应实施以市场为导向的多元化战略，化解出口结构过度集中的风险。出口贸易的多元化应包括出口市场、出口商品、贸易方式、出口主体等多个方面。

在出口市场多元化方面，应在加强发展拉美市场的发展，积极拓展周边国家出口市场。以出口增速最快的市场拉美市场为例，拉美有 5 亿人口，超过 3 万亿美元的产值，人均 GDP 在 6000 美元的水平，经济发展前景长期看好，拉美市场有巨大的潜力。随着《中国对拉丁美洲和加勒比政策文件》的发表中拉双边贸易将有更大发展潜力，也将对我国出口产生有利的影响。但是，也应注意由于拉丁美洲市场与美国市场经济之间存在较强的相关性，二者之间的商业周期具有较强的同步性。当欧美进口需求变化时，拉美市场分散风险、稳定出口的实际效果非常有限。拉美市场对于出口更多的作用在于"锦上添花"，而非"雪中送炭"。因此，在加强发展拉美市场的同时，还应格外关注同欧美商业周期相关性较低市场的发展，积极拓展周边国家出口市场。

在出口商品多元化方面，企业应从市场需求出发，发挥比较优势，实现产业集聚和多元化的平衡。要以市场为导向，产业的选择要坚持在比较优势的基础上，追求竞争优势。应克服高新技术等于出口竞争力的误区，不宜盲目追求 IT、IC 等高新技术产业的过度集中。例如，2008 年金融危机以来，大屏幕笔记本订单锐减，相反，自行车订单锐增。手机相关电子产品订单大幅下降，但是，特色家纺用品订单却没有明显下降。

在贸易方式方面和出口主体多元化方面，虽然，一般贸易和民营出口增速强劲，但总量仍明显不足。各地政府应象从前支持出口加工贸易、外商投资企业一样支持一般贸易和民营出口发展，使之持续保持高于全市平均出口增速的水平，实现跨越式发展。

在稳定商品出口的同时，大力发展服务贸易，应成为多元化战略的一个突出重点。随着对外开放广度和深度的发展、教科文的发展和国家政策的支持，发展服务贸易的比较优势将日趋凸显。应大力发展离岸服务外包和服务贸易，形成新的贸易增长点，优化出口贸易结构。

出口多元化战略还应包括出口产品差异化战略在内。迈克尔·波特提出，

有三种基本的战略可以实现企业的竞争力，即成本领先战略、差异化战略和目标集聚战略。根据竞争理论，企业唯有建立起一种可长期保持的差异化，才能胜出竞争对手。差异化包括有形和无形的差异，是指产品在顾客心智中的地位。为了实现比较优势向竞争优势的转化，可以通过培育跨国公司和国际知名品牌，积极实施产品差异化战略。

二、实施低成本领先战略再造，化解比较优势产业断档风险

如何在迅速变化的市场和环境中建立和维持有活力的业务，短期内最好的选择还是做自己最熟悉的业务。根据高绩效业务特征的模型，在 50 年代，提高业务绩效的答案被设想成提高生产效率。在 60 和 70 年代，公司热衷于企业收购和业务的多样化方案，以追求成长和利润。但是，在 80 年代末以后，最佳答案却是企业坚持经营其熟悉的业务。在实施以上中长期应对策略的同时，我国应以"拉美病"为鉴，注意产业升级的方向和幅度，不宜急于求成，防止出现比较优势"断档"的风险。一些拉美国家在进入中等收入国家之前，经济发展迅速，但进入中等收入国家后，其发展势头受阻，经济出现衰退，出现了所谓的"拉美病"。其根本原因是："一些有着比较优势的产业在其他发展中国家的冲击下，失去了比较优势，新的具有比较优势的产业还没有形成，产生了比较优势的断档期"[①]。

随着工资、土地等要素成本的上升和环保、税收、汇率政策的调整，以及越南、非洲国家的冲击，现有主导出口产品面临成本上升，价格竞争优势减弱的压力。但是，并不能简单地根据当前出口额和盈利能力下滑，就断言 IT、IC、汽车部件等机电产品已经进入衰退期。根据产品生命周期理论，产品包括产品类别、产品形式和品牌三个层次。产品生命周期虽然表现为销售额和盈利能力的变化，但是，决定产品生命周期长度和形式的因素却是需求的变化、相近替代品技术的变化，以及新产品为市场接纳的速度。以这些变量为衡量标准，从产品类别的层次看，占我国出口的较大比重的机电产品或以 IT、IC 为主体的高新技术并未进入衰退期，而是处于成长期或成熟期。

从产品形式和品牌的层次看，市场创新、市场集中、竞争结构、经济周期、供应约束和替代品销售都会影响产品生命周期的结构。国外经验表明，通

---

① 张其仔. 比较优势的演化与中国产业升级路径选择. 中国工业经济. 2008（9）：64

过对影响产品生命周期因素的调整可以再次焕发产品的"青春",产品生命周期形式可以是循环——再循环模式和扇贝模式。既然出口的主导产业(产品类别)仍旧处于成长期或成熟期,可以通过市场创新、市场集中、竞争结构等可控变量的优化,维持主导出口产品成熟期,不宜盲目追求产业升级,轻易退出目前的优势产业。

除了经济周期对出口的影响外,成本和价格竞争优势的减弱也是影响出口增速下滑的主要原因。例如,由于成本上升,富士康、耐克、阿迪达斯的外迁都会给出口增长造成较大的负面影响。但是,面对工资、土地要素成本的上升,和汇率、税收、环保成本的上升,在保持成本优势方面并非一无优势、无计可施。艾伯茨(Alberts,1989)对国外的经验研究表明,在绝对大多数情况下,成本下降的原因都是创新和规模经济的联合。其中,因创新而实现成本下降的主要原因包括:操作者创新、管理者创新和流程创新。因规模而实现成本下降的主要原因包括:减少过剩生产能力、规模决定的替代和采购能力提高。而学习和规模经济导致经验增加,是增加上述成本下降机会的根源①。一方面在改革开放中,我国国际贸易部门取得了骄人的成就,积累了丰富的成功经验。另一方面,我国主导出口产业具有明显的规模优势。例如,仅昆山就生产了全球25%以上的笔记本电脑,而且80%以上电子配件实现了本地化生产。罗技鼠标畅销平均日产量37.6万只,高居全球第一。

在艾伯茨的研究中强调,采购、配送、分销效率的提高是创新和规模经济实现成本下降的重要途径。郑凯捷的研究也表明通过生产服务的具有知识性和技术性的投入,确实促进了制造业生产的先进性和效率性②。近年来,我国东部发达地区在物流基础建设、信息服务建设方面已具有较强实力。出口企业可以通过发挥经验和规模优势,完善供应链和基础设施、改善融资能力、提高政府服务效率,实现成本领先战略的再造。

---

① 加里·L. 莉莲等著,营销工程与应用,中国人民大学出版社,2005年,第198页
② 郑凯捷,分工与产业结构发展,复旦大学出版社,2008年,第117页

第五节　优化出口贸易发展环境的策略

一、国际贸易理论对优化出口环境的启示

优化产品出口环境的措施有客观规律可循，不宜就事论事，导致片面化和主观化。借鉴国际贸易理论，要素禀赋、制造能力、市场竞争程度、外资参与程度、产品是否可拆分、产品全球化程度对产品出口具有正向影响，需求扩张、我国出口商品的市场份额、出口商品的增长速度对出口存在负面影响。各种因素，特备是国内产业基础、全球分工特点和出口市场地位等因素共同作用，决定了一个地区出口商品竞争力的变化，进而影响了出口商品结构及其变化。

根据国际贸易理论研究，优化出口产品环境的措施，应是多元化和有规律可循的。当前，国内普遍存在"列昂惕夫悖论"中的要素密集度逆转现象。无论是纺织服装鞋帽传统出口商品，还是通讯设备、计算机等高科技电产品，其劳动密集程度均远远高出地区制造业的平均水平。客观事实证明劳动密集型产业，特别是新兴劳动密集型产业仍旧是我国出口的优势产业，不应忽视。目前，要素禀赋、制造能力、市场竞争程度等因素是对出口产品升级的有利因素。我国出口商品的全球市场份额、出口商品的增长速度等因素又决定，支柱出口产品可能面临贸易保护主义等不利影响。

此外，规模经济理论和母市场理论也提醒各界不应忽视，随着中国"世界市场"的重要性的日益突出，将为出口产业升级和全球价值链分配关系的改变，创造了有利条件。

二、企业发展实例及其对优化出口环境策略的启示

政府部门的文件和现有理论研究成果，对于优化出口环境策略的研究成果不可谓不够详尽。但是，这些政策该如何落实和效果如何，不仅需要进行平均数层面的抽象计量检验，还需从现有成功的案例中归纳出"鲜活"的经验。个案研究在研究效果的深化上更具有说服力，不仅能够回答具体策略对稳定出口影响的程度，而且能够告诉我们是如何做的。

以润通股份、东山精密、波司登和比亚迪为例，2008 年金融危机期间，这些企业出口都有强于市场的表现。通过比较可以得出研发设计、新产品开

发、销售渠道、品牌建设、比较优势利用等对于产品转型升级、企业竞争力提升对于应对环境变化挑战具有重要意义。除了上述因素外，特别值得一提的是，除东山精密外，在其他案例成功的经验中都看到了，并购或战略联盟对于企业转型升级，或品牌与渠道建设的重要性。

此外，比亚迪的发展也印证了理论分析部分的结论，对于大多数企业，竞争优势的培育要以比较优势为基础。生产高科技产品并非每个企业都要采取高精尖技术、资本密集生产模式，企业可以充分利用一国的比较优势，采用适合国情的生产方式。比较优势来自"合理"的生产组织方式，而不一定是"资本密集"方式。从宏观而言，创新和发展高科技并不是指该地区某个产业的产值是多少，也不是一定要用最先进的设备、最复杂的设备生产被贴上"高科技标签"的新产品。

三、优化营商环境，对冲劳动力和要素等成本上升不利影响

成本费用的构成是由原材料、工资福利，还有交易费用、运输费用等构成的。在当前原材料、工资福利面临上涨的压力下，出口企业和地方政府可以通过制度的完善、服务的改善和基础设施的改进，实现成本控制，在一定程度上平衡原材料、工资福利上升的负面影响。根据世界银行"2009 年营商环境报告"，在新兴经济体中，中国营商容易程度排名 83。从具体各项细类来讲，开创企业、建筑许可、支付税款和保护投资者等部分项目名列倒数行列，还存较大的改进空间。此外，中国社会科学院的一项调查报告也证明，中国多数出口商品价格不但低于目标市场的其他同类商品价格，甚至还比国内售价还要便宜。如果采用成本定价法，在内外销的轮胎差价中，有约六成来自国内信用体系不完备带来的风险溢价，以及商品运输费用偏高导致的较高销售成本。

四、发展民营出口经济，增强出口供给能力

高度依赖外资企业的出口存在出口主体单一性和被动性等不足，产生"鸡蛋放在一个篮子里"等风险。在外资企业出口快速下滑的情况下，保持民营出口企业快速增长是对冲外资出口增速下滑风险的必然选择。民营出口企业发展对出口主体多元化和稳定性出口增长具有较强的现实意义。尽管，由于基数较小，相对外资出口企业出口总量和单个企业出口量仍旧偏小，而且，还面临国内国外复杂的挑战，但是，近年来，民营出口企业快速发展，技术水平、市场竞争力、企业治理机制持续提升，也存在产业链完善、政府服务意识和能

力强等优势。在政策环境优化的背景下，民营出口经济应抓住机遇，争取实现跨越发展，提升对经济的贡献，努力实现内外资经济的均衡。

五、富士康对优化出口产品环境的启示

2009 年发生的富士康事件，集中反映了中国出口生产企业面临的新挑战，对"世界工厂"过去发展模式和未来出路的探讨具有极强的借鉴意义，值得各界关注。

首先，作为全球最大的代工企业，富士康已经实现了"制造的富士康"向"科技的富士康"的转型，是全球唯一能连续六年名列美国商业周刊科技百强（IT100）前十名的公司。但是富士康仍旧是"低附加值"的代工企业，依旧是全球价值链上的"打工者"。事实证明，有技术且从事高科技产业的企业并不是最具有竞争力的企业。因此，政府不能简单地将产业转型升级产业等于产业结构统计数据的变化，简单地看一个地区新能源企业、新材料企业、生物医药企业、研发机构数量，研发投入和高新技术产业产值。

其次，像富士康这样数量众多规模巨大的代工企业对经济增长、稳定就业有着重要意义。富士康管理的问题也是现阶段社会特定问题的缩影。就富士康现象，凤凰财经的网络调查显示，关于解决问题最直接的手段，44.6% 的调查者认为是完善社会制度。对于跳楼自杀的深层次原因，27.3% 认为是社会保障制度缺失，而仅有 4.9% 是缺乏核心技术、劳动密集型产业导致。因此解决类似富士康问题，优化出口环境，还需"企业的企业管起来，政府的政府管起来"，才能为出口产业的发展和转型升级创造良好的环境。

此外，在宏观方面，摆脱"廉价的世界工厂"，实现"世界工厂"竞争力的持续和提升，应该是双向思维的。一方面，政府应鼓励和创造条件，像富士康一样，实现由科技的富士康，向服务的富士康的转型和创新的富士康的转型，实现由 OEM、ODM 向 OBM 的转型，继续向微笑曲线的两端发展。另一方面，要重新审视全球价值链分配关系的合理性。根据经济学边际技术替代率法则，当前全球"人口红利"时代已经不再的条件下，应努力使世界市场价格更准确地反映市场均衡价格的新变化，提高劳动力的单位报酬，实现资本劳动力要素价格的新均衡。

六、并购、战略联盟等对于出口企业环境优化的意义

斯蒂格勒在曾指出"没有一家美国大公司不是通过某种程度、某种方式

的兼并而成长起来的。"并购对于出口企业发展也具有重要意义。无论是富士康全球最具竞争力的一次购足整体解决方案的建立，还是，比亚迪产业转型电动汽车的开发和生产进程等等都离不开并购和战略联盟的实施。例如，波司登通过并购和联盟建立了全球营销渠道和实施四季化战略。江苏通润通过并购生产高低压开关柜、开关产品，实施产品结构调整战略等等。

2010 年 6 月 30 日，国务院常务会议指出，"在资源环境约束日益严重、国际产业竞争更加激烈的新形势下，必须切实推进企业兼并重组，深化企业改革，促进产业结构优化升级，加快经济发展方式转变，提高发展质量和效益，增强抵御国际市场风险能力，实现可持续发展"。并购和战略联盟理应成为为出口企业研发能力提升、产业转型、国际市场拓展的重要商业模式。但是，这一观念并没有得到有关部门的关注与重视。

结论：优化出口环境，应对不利因素的挑战，社会各界需要遵循国际贸易理论结论的客观规律，总结挖掘企业的实践经验，进行开拓性探索，稳定出口，寻求实现经济增长内外均衡之道。

出口环境优化篇

第三章

金融服务与优化出口企业营商环境

　　提升技术产品创新优势，并不能否定低成本竞争优势的意义。理论和经验证明通过制度的完善、服务效率的提升和基础设施的改善，创造有利于外贸企业发展的营商环境，降低综合商务成本，对于对冲工资、土地、汇率、税收、环保成本的上升，构成新成本优势具有重要意义。其中，金融应该成为支持出口优先考虑的政策。银行和其他金融机构通过支持出口产业比较优势培育，积极发展贸易融资、风险规避等金融业务，对出口企业竞争力的形成具有推动作用，有利于稳定和改善金融业自身生存环境。

第一节　提升服务效率对优化出口环境的意义

一、服务效率对出口企业综合商务成本的影响

　　低工资、低税率、低地价、低环保所形成的成本优势曾经是中国出口企业重要的竞争优势。这种"廉价成本模式"并不具有可持续性，已经或即将发生显著的改变。以外向型经济发达地区——苏州市的工资为例，除金融危机期

间的 1998、2008、2009 年外，苏州每年都上调最低工资标准。其中，2010 年 7 月将最低月工资标准上调 12.94%，2011 年 2 月再次上调 18.75%，上调为 1140 元，是 1995 年的 5 倍有余。而且，随着"刘易斯拐点"阶段的到来和工人报酬机会成本的上升，预期企业未来用工成本仍将具有增长压力。

面对工资、土地、汇率、税收、环保成本的上升，一方面，应鼓励出口企业通过转型升级培育新的国际市场竞争力，另一方面，保持出口企业成本优势也并非无计可施。成本的构成是由原材料、工资福利，还有交易费用、运输费用等构成的，在当前原材料、工资福利面临上升的压力下，出口企业和地方政府不应过度悲观，可以通过制度的完善、服务的改善和基础设施的改进，实现成本控制，在一定程度上对冲原材料、工资福利上升的负面影响。艾伯茨（Alberts，1989）对国外的经验研究表明，在绝对大多数情况下，成本下降的原因都是创新和规模经济的联合。其中，因创新而实现成本下降的主要原因包括：操作者创新、管理者创新和流程创新[1]。在艾伯茨的研究中强调，采购、配送、分销效率的提高是创新和规模经济实现成本下降的重要途径。郑凯捷（2008）的研究也表明通过生产服务的具有知识性和技术性的投入，确实促进了制造业生产的先进性和效率性[2]。

徐奇渊的调查报告表明，在中国的出口部门中，存在着一种奇特的现象，即：同一种产品，出口给国外，其价格不但低于目标市场的其他同类商品价格，甚至还比国内售价便宜。如果考虑到长期以来颇有争议的人民币汇率水平，则出口给国外商品之廉价程度还要为甚。以 2009 年轮胎特保案所涉及的小轿车、轻型卡车轮胎为例，出口到国外的价格，相较而言要比国内低 10% 左右。不仅如此，这种现象还在其他出口行业中存在，例如家电、IT 产品、纺织品等等。非常粗略地估计，假设售价完全取决于生产成本，则在轮胎出口—内销的差价中，有约四成的原因系由出口退税政策导致；而有其他六成的原因则来自于国内信用体系不完备带来的风险溢价，以及商品运输费用偏高导致的较高销售成本。也就是说，即使出口退税政策仅仅起到中性的作用，轮胎外销价格也将低于国内销售价格约 6%[3]。

---

① 加里·L. 莉莲等著，营销工程与应用，中国人民大学出版社，2005 年，第 198 页
② 郑凯捷，分工与产业结构发展，复旦大学出版社，2008 年，第 117 页
③ 徐奇渊，轮胎特保案的警示：中国贸易政策应该反思和内省，国际经济评论，2009 年 6 期，第 49 页

政府的职能缺位，增加了企业的经营管理成本。以"富士康事件"为例，凤凰财经网络对 5527 人的调查显示，47.1% 的调查者认为解决该类问题最直接的手段是完善社会保障制度。对于跳楼自杀的深层次原因，也有 28.0% 认为是社会保障制度缺失，而仅有 4.7% 认为是缺乏核心技术和劳动密集型产业导致① （见表 3.1）。调查的结果来看，类似富士康这样代工企业存在的问题，不仅仅是企业管理问题，而是一个复杂的社会问题，和社会人文关怀缺失和社会保障制度的不健全等有着密切的关系。因此，解决类似富士康问题，还需"企业的企业管起来，政府的政府管起来"，才能为产业的健康发展和转型升级创造良好的环境。

表 3.1　凤凰财经关于富士康事件的问卷调查结果

1. 您认为富士康涨薪能否改变工人生存现状？	
不能	53.2
能	27.1
说不好	19.7
2. 您认为富士康员工频发跳楼自杀的深层原因是什么？	
管理者只注重经济效益，忽视人文关怀	37.5
社会保障制度缺失	28.0
"教育的缺失"导致穷二代心理素质脆弱	16.5
"工会"角色蜕变	13.3
缺乏核心技术 劳动密集型产业导致	4.9
3. 您认为当前解决富士康问题最直接的手段是什么？	
完善社会制度	47.1
加薪	21.3
改善员工生活条件	21.3
对打工者进行心理辅导和培训	9.7

资料来源：http://tech.ifeng.com/special/fushikangzhangxin/

为了给出口加工制造企业发展和转型创造良好的社会环境，在当前，政府和有关部门应通过制度的完善、服务效率的提升和基础设施的改善，创造有利

———————

① http://tech.ifeng.com/special/fushikangzhangxin/

于企业发展的营商环境。众多资料也证明，这方面还存在较大的空间。例如，根据世界银行《2011年营商环境报告》，中国与部分新兴经济体比较而言，整体营商环境存在一定优势。在183个经济体中，2011年（指截止2010年6月）中国排名仅为79位，较上年下降1名。从具体各项细类指数来看，部分项目排名仍旧相当靠后，个别领域甚至名列倒数行列，还存较大的改进空间（见表3.2）。

表3.2　2010年、2011年中国营商环境指数

主题	2011年	2010年	排名变化
易于经商	79	78	−1
创办企业	151	149	−2
处理施工许可证申请	181	180	−1
登记财产	38	34	−4
获得信贷	65	61	−4
投资者保护	93	92	−1
纳税	114	124	10
跨境贸易	50	47	−6
合同执行	15	15	没有变化
企业破产	68	66	−4

注：各年营商环境指数为截止上年6月30日数据，侧重关注国内中小企业发展涉及的法律法规等

资料来源：世界银行，营商环境报告，http：//www.doingbusiness.org/data/exploreeconomies/china

二、金融发展对出口环境优化的意义

支持出口可以有多种选择，可以通过完善供应链和基础设施、改善融资能力、提高政府服务效率，实现成本领先战略的再造。但是，根据国际贸易理论和对国内外发展经验的实证分析，金融是支持出口的重要有利工具。Beck（2002）利用56个国家36个产业的数据，发现在1980～1990年期间，使用更多外部资金产业的平均出口额在金融发达国家更高。Manova（2005）也认为金融发展水平的提高对贸易量有正的影响，特别是那些高度依赖于外部资金的产业中的公司。张立军（2005）分析了中国金融发展规模对总体的出口贸易

水平和结构的影响，计量结果表明金融发展是出口贸易的格兰杰原因，我国金融发展促进了出口贸易的增长。在进行 ADF 单位根检验的基础上，使用传统的 OLS 方法，对 LEXPORT（历年的出口额除以相对应各年的，GDP 后取对数）和 LFIR（历年的金融相关率取对数）及 LRJGDP（历年的人均 GDP 增长率取对数）进行回归，存在较高的拟合度。我国金融发展水平每变动一个百分点，出口贸易将变动 1.374719 个百分点，而且两者存在显著的正相关关系。

以上计量结论反映的是一般的趋势，对于具体的时间和具体的区域还应做出具体的分析。Kletzer&Bardlhan（1987）的理论证明和 Manova（2005）等人的实证研究都表明，金融领域的发展给一个国家更依赖于外部融资的产业带来比较优势，更能促进出口的发展。根据微观金融理论，企业融资方式包括内部融资和外部融资。由于内部资金有限，一些企业在面临研发费用高昂、生产周期延长或产品积压时，经常需要通过外部融资来解决资金短缺问题。此外，不同行业的产品在规模经济、酝酿阶段、中间产品密集度等方面存在差异。一些行业（通常是资本密集型和技术密集型行业）比其他行业更加依赖于外部融资，例如电子通信、医药等行业更加依赖于外部融资。再者，处于发展初期的年轻企业内部现金流和利润额都比较少，而他们开拓市场、建立客户网络等方面的支出却很多，所以年轻企业通常比成熟企业更加依赖于外部融资。

第二节　远期外汇交易与出口企业风险管理

一、人民币汇率制度与汇率风险

自 2005 年 7 月 21 日起 人民币开始实行以市场供求为基础、参考一揽子货币进行调节、有管理的浮动汇率制度。汇制改革允许人民币兑美元日波幅 0.3%。2007 年 5 月，央行宣布银行间即期外汇市场人民币对美元交易价浮动区间由 0.3%扩大至 0.5%。2010 年 6 月，央行宣布，进一步推进人民币汇率形成机制改革，增强人民币汇率弹性。2010、2011 年银行间即期外汇市场人民币对美元交易价日间最大波动日均分别为 70 个基点和 96 个基点，最大波幅日均分别为 0.10%和 0.18%，2010 年度，均大幅提高。与此同时，人民币汇率双向波动增强，2011 年 244 个交易日中，交易价在 71 个交易日处于中间价升值区间波动，58 个交易日处于中间价贬值区间波动，115 个交易日围绕中间价上下波动。当年，银行间市场多个交易日出现交易价触及当日中间价 0.5%

的浮动区间上限，人民币对美元跌停。中国人民银行货币政策委员会2012年第一季度例会要求，进一步完善人民币汇率形成机制，增强人民币汇率双向浮动弹性，保持人民币汇率在合理均衡水平上的基本稳定。普遍预计2012年人民币汇率双向波动增强，将形成有升有贬、双向波动的局面。

2005年汇制改革后，有的观点认为，日波幅引致的汇率风险并不是很大。但是，这次改革是人民币汇率形成机制的改革，是人民币汇率走向市场化的加速。随后人民银行称，将进一步完善人民币汇率形成机制，继续完善汇率改革的各项配套措施。同时将根据市场发育状况和经济金融形势 适时调整汇率浮动区间。可见，人民币汇率走向市场化是大势所趋，人民币汇率的浮动空间将不断加大在这一过程中企业将面临日益增大的汇率风险。汇率风险将成为影响企业决策的重要因素，而对于出口企业来说更是一种日常的、不可低估的风险。出口企业必须加强对汇率风险的认识与管理。

广义的汇率风险包括交易风险、折算风险和经济风险。笔者以下主要讨论交易风险，下文中的汇率风险就是指交易风险。商品进出口交易的汇率风险是指企业在进行商品、劳务进出口的交易过程中用外币计价结算，由于成交日到结算日汇率变动，使企业以本币计算的收入、支出可能增加或减少而导致的风险。从理论上讲，汇率风险管理有一系列成熟的金融工具。作为汇率市场化改革的创造有利条件，2005年中国人民银行出台了《关于加快发展外汇市场有关问题的通知》、《关于扩大外汇指定银行对客户远期结售汇业务和开办人民币与外币掉期业务有关问题的通知》。此后，外汇市场交易的主体和品种不断丰富。但是无论是从中国外汇市场现有可供选择的金融工具而言，还是从国外实践的经验来看，远期外汇交易将是进出口企业最主要的避险工具。

二、国内远期外汇交易的现状与发展

按照国际金融理论，远期外汇交易是指与即期交易对应的，双方约定在未来某一时间两个营业日以上进行的交易，包括远期合约交易、期货交易、期权交易和互换交易等。其中远期合约交易是最为简单的一种远期交易形式，是指在进行远期外汇交易时，企业与银行签订合约，在合约中规定买入卖出货币的名称、金额、远期汇率、交割日期等。由于在签订合约时就确定了未来的交割日买入或卖出外汇的汇率，因而可以及早确定企业收支数额，排除日后汇率变动的风险。远期外汇合约交易是浮动汇率制国家企业使用最普遍的一种汇率避险工具。1988年，日本通产省发表的《 通商白皮书》披露了日本企业利用各种避免汇率风险手段的情况，其中签订远期外汇买卖合同的占首位为31.2%。

虽然 在理论上远期外汇合约交易是远期外汇交易中的一种工具，但是在国内银行实务和新闻媒体中，远期外汇交易就是指远期外汇合约，交易是和期货、期权、互换交易并列的一种交易。下文所指的远期外汇交易就是指理论上的广义远期外汇合约交易。

汇制改革之前，中国外汇市场交易工具十分有限，没有适用于银行和客户之间的人民币对外币期货、互换和期权类交易品种可资利用，远期结集汇交易是国内惟一的人民币对外币远期交易方式。非资本项下的外汇收支均可办理远期结售汇，外汇指定银行可以办理一周至一年14种不同期限的交易。远期结售汇期限分有固定期限和择期。包括美元、欧元、英镑、澳元、加元、港币、日元、瑞士法郎等八种货币兑人民币。由于贸易的不确定性，如客户预期在宽限期内仍不能办理交割每笔业务至多办理一次展期，展期期限最长不超过6个月。

由于远期结售汇业务可以事先约定，将来某一日向银行办理结汇或售汇业务的汇率企业，可以对于具有真实贸易背景的未来外汇收入或支出进行风险管理。在进口商品时，如以硬货币计价，可通过远期结售汇按远期汇率购买硬货币，以避免硬货币币值上升的风险。在出口商品时，如果以软货币计价，则可通过远期结售汇按远期汇率出卖软货币 以避免软货币币值下降的风险。

远期结售汇业务简单易行，但是远期结售汇业务具有两个显著缺点：一是"实际需求原则"，即必须以进出口合同为前提。远期结售汇业务暂行管理办法要求，远期结售汇业务应当依据远期合约中订明的外汇收入来源或外汇支出用途办理，境内机构不得以其他外汇收支充抵。因此，企业必须在订立合约时，就准确预见远期外汇收入或支出的来源或用途，这在半年以上情况下是难以做到的。二是"一次决胜负"。即进出口企业只能一次性地买卖外汇。这种规定对政府而言，既保证了进出口企业为避免汇率风险而产生的期汇要求，又限制了投机性的期汇交易。但是对进出口企业而言，限制了企业在签约之前、签约之际，以及签约之后试图多次交易有效地避免汇率风险。例如，在人民币汇率趋于上升时，用美元结算的出口合同对国内的出口企业而言有很大风险。若能在出口合同成立之前尽早地卖出美元期汇，外汇损失就可能避免或者减少。又例如在出口合同成立，且卖出了美元期汇之后美元汇率出现上升的时机，若允许出口上采取相反交易冲销先前的期汇卖出，其外汇收入的本币收益也会增加。"一次决胜负"的另一层涵义就是，订立了远期结售汇合同的企业，到期之后必须同银行交割，否则就构成违约。

这些缺陷使得远期结售汇交易的避险功能大打折扣。人民币汇率形成机制改革以后，远期结售汇业务并不能完全满足企业避险的需求，广大参与进出口的企业需要一些更加灵活、有效的管理汇率风险的金融工具。中国人民银行也表明要借这次人民币汇率形成机制改革的机会，加快发展外汇市场和各种外汇衍生产品。但是，由于外汇市场管理经验不足、资本项目下还没有放开和人民币利率没有完全市场化，创新产品的设计受到限制。而远期外汇交易由于有远期结售汇实践为基础，及相对其他衍生金融工具技术简单等特点，人民银行加紧改进了银行和企业交易的远期交易工具。

2005 年 8 月 9 日，中国人民银行发布了《关于扩大外汇指定银行对客户远期结售汇业务和开办人民币与外币掉期业务有关问题的通知》，该通知和进出口企业汇率风险管理相关的内容：一是扩大办理人民币对外币远期业务银行主体；二是放开交易期限限制，由银行自行确定交易期限和展期次数；三是银行可根据自身业务能力和风险管理能力对客户报价；四是允许银行对客户办理不涉及利率互换的人民币与外币掉期业务。这四个方面的变化，对"实际需求原则"并没有发生重大改变，但是对"一次决胜负"却做了重大完善。灵活的交易期限、展期次数、银行报价和掉期交易，都增加了企业远期外汇交易的可操作性，更利于达到规避风险的目的。

此后，有关交易的内容不断丰富发展。2007 年 8 月，国家外汇管理局发布了《关于外汇指定银行对客户人民币外汇货币掉期业务有关外汇管理问题的通知》。2010 年 10 月批复同意外贸个体工商户及对外贸易经营者，个人外汇结算账户内资金办理远期结售汇和人民币与外币掉期业务的申请，从而满足外贸个体工商户的汇率避险保值需求。为提高中小金融机构对客户提供规避汇率风险服务的能力，2010 年 12 月又出台中小金融机构与其他银行合作，为客户办理远期结售汇业务的管理政策。2011 年，国家外汇管理局先后发布《关于人民币对外汇期权交易有关问题的通知》和《关于银行办理人民币对外汇期权组合业务有关问题的通知》。

从目前中国外汇市场交易总量而言，广义远期交易的比重呈快速上升趋势。2000—2011 年间，远期交易占外汇市场交易的比重分比为 5%、13%、13%、18%、24% 和 28%。其中，远期外汇交易和掉期交易保持快速增长。

2011 年，银行对客户远期结售汇累计签约 3871 亿美元，其中结汇和售汇分别为 1913 亿和 1958 亿美元，较 2010 年分别增长 37%、16% 和 67%。银行对客户外汇和货币掉期累计签约 142 亿美元，较 2010 年增长 1.2 倍。外汇期权市场从无到有，2011 年 4 月至年末，银行对客户期权市场累计成交 8.7 亿美元。远期结售汇和掉期交易这两种远期外汇交易方式，仍是银行为客户提供的主要汇率风险管理工具①。

三、远期外汇买卖交易工具的应用

（一）远期外汇买卖避险策略

有效的管理是"做正确的事，而不是正确做事"。汇率风险管理的策略有保守策略、冒险策略和中间策略。但是，在对汇率风险认识形成的初期，由于实践经验不足，多数进出口企业将会倾向谨慎行事，为了及早确定企业收支数额，排除日后汇率变动的风险，会主动的买卖远期外汇。但是实际情况可能会是 如果不急于进行远期外汇交易，汇率变动的结果反而会利于进出口企业。不加分析地进行远期外汇交易是不可取的。在汇率预测较有把握的情况下，企业应坚持利用成本效益原则选择不同的汇率风险管理策略。例如，部分日本企业根据资产分散管理三分法原理，进行外汇头寸的三分法管理。

（二）远期外汇买卖避险技术

国内部分企业认为利用远期外汇交易进行汇率避险，仅仅是签约后进行一次性远期外汇交易的套期保值。其实不然，远期外汇交易既可以是在进出口交易签约前的预防性交易，也可以是在进出口交易签约后的中途平衡头寸性的交易。交易可以一次性进行，也可以是多次性交易。在每次交易时，既可以是和进出口贸易金额相等的单笔反向交易，也可以是多笔交易组合的反向交易。

首先，进出口企业应在签约前考虑进行预防性的远期外汇交易。进出口企业对进出口商品、劳务交易和汇率变动趋势应是动态把握的。一般而言，进出口企业的外汇交易与汇率预测限于 3—6 个月的时间范围内。在预测汇率将有较大且持久变化时，企业可以在签订进出口合同之前采取预防性的期汇交易，以尽量减少汇率风险或尽量增加外汇收益。

其次，出口企业应考虑进行多次性远期外汇交易。在签约至结算时期，进

---

① 数据来源：2011 年中国国际收支报告，http：//www. safe. gov. cn/model _ safe/news/pic/20120331091453830. pdf

出口企业可以在不同的汇率变动时期多次进行期汇交易，以尽量扩大盈利机会或缩小损失。例如，在预测美元汇率已处于峰顶，今后将下跌的时机，出口企业在签约后应立即卖出美元期汇。若中途估计美元汇率跌至低谷可能恢复上升时，出口商可以买入交割期同上的期汇。其后美元汇率如果继续下跌，出口商还应趁美元未跌至低谷之际卖出期汇，以此获得较多的外汇差额利益。

第三，出口企业应考虑进行多笔交易组合的远期外汇交易。决定汇率的因素有经济增长率、国际收支、货币供给、财政收支、通货膨胀率、外汇储备、利率、投机活动、中央银行对外汇市场的干预、市场心理预期、政治与突发性因素等等。众多因素对汇率此消彼长的影响使汇率的走势和波幅经常变化莫测，所以精确预测汇率变动是很难的。远期外汇交易本身也存在交易风险。根据"不要把鸡蛋放在一篮子里"的分散投资原理，企业在为某一笔金额较大的进出口业务进行套期保值时，应是采用多笔远期外汇交易组合的方式对冲汇率风险。这些远期外汇交易的期限也不一定同商品交易完全相同，而是可以拆分成多个不同期限的组合，特别是在汇率变动趋势不明朗的情况下。

总之，企业在进行远期外汇交易时应按每笔交易或全部交易计算受险额，根据受险额和预测的汇率变动幅度测算汇率风险管理的成本与收益，以此确定有效的避险方法。在实施过程中，不断地进行检查，发现问题及时解决。

（三）远期外汇买卖避险组织

汇率风险管理成为企业日常经营管理的重要部分。而汇率的预测、成本收益的测算和远期交易的操作都具有复杂性、专业性的特点，所以自 20 世纪 80 年代以来，随着企业对汇率风险认识的提高，在经济发达国家，为了减少汇率风险许多大型企业建立了相当规模的风险管理组织。例如，在日本企业里外汇交易以及汇率风险的管理往往是由企业内专门设置的外汇预算科、外汇交易科等财务与外汇部门负责管理。在日本石油公司、日本石油精"外汇联络会"，外汇政策委员会成员由各公司的财务管理人员组成，他们每月初会面，交流上月汇率风险管理的情况，并预测当前的汇率，按照汇率的预测决定风险管理的基本方针。

综上所述，在人民币汇率形成机制市场化的过程中，汇率风险将成为进出口企业的一种日常的、不可低估的风险，而远期外汇交易是规避汇率风险的最普遍的工具。当人民币汇率的浮动空间有限时，人民币远期交易的避险功能还不会充分展示。但是在人民币汇率浮动区间还非常有限之时，就开始进行人民币远期交易，也是进出口企业一个逐步适应和完善的机会。

第三节　金融服务优化出口环境的路径——以吴江市为例

一、背景简介

2008 年金融危机以来，在强调扩大内需的同时，国内各级政府对出口给予了高度关注，并要求金融加大对出口贸易的支持。自 2008 年 4 季度，国务院出台了《关于当前金融促进经济发展的若干意见》，人民银行和银监会出台了《进一步加强信贷结构调整，促进国民经济平稳较快发展的指导意见》，都提出执行适度宽松货币政策，发挥金融对经济发展的支持作用。2009 年，在政府工作报告中提出，要努力保持对外贸易稳定增长，改善对进出口的金融服务。5 月，国务院研究部署进一步稳定外需的政策措施，要求大力解决外贸企业融资难问题。央行也对信贷支持出口提出了指导意见。为了稳出口、保增长，2009 年江苏省政府出台了《促进外贸健康稳定发展的意见》。《意见》要求加大金融政策支持力度，加大信贷支持力度，改善外汇管理服务。这些文件既是对金融业的要求，也是对金融业的支持，为金融业支持出口创造了有利的金融环境。

2004 年到 2008 年 5 年间，吴江市地区生产总值增长近 1.26 倍，达到 750.10 亿元，年均增长率高达 20% 以上。但是，从图 1 明显可见，出口是拉动吴江市经济增长的主要动力。期间吴江市出口依存度平均高达 107.17%，出口是全社会完成固定资产、消费品零售额的 2.25 倍和 6.30 倍。其次，从三者的关系看，出口和全社会完成固定资产、消费品零售总额的相关系数约为 0.93、0.88，全社会完成固定资产和消费品零售总额的相关系数约为 0.99[1]。这意味着，从直接来看，吴江市经济增长对出口具有高度的依赖性。从间接来看，出口拉动了投资，而投资、出口增加了居民就业和收入，进而引导消费增长。因此，出口是吴江市拉动经济增长"三驾马车"中最强有力的动力。

但是，2008 年以来，吴江市出口面临人工成本、土地成本、环保成本上升和人民币升值等挑战；货币政策经历由从紧到适度宽松的大幅转变；出口退

---

① 数据来源：吴江市国民经济和社会发展统计公报，http://www.wjtj.zgwj.gov.cn/ReadNews.asp? NewsID = 1122.

税率也经历了由高到低、由低到高的转变。特别是，全球金融危机以来，外部需求大幅萎缩，更是对吴江市出口形成了巨大冲击。2008 年 6 月起，吴江市出口同比增长率快速下滑，全年出口 88.95 亿美元，仅增长 9.4%，低于苏州市增长率 1.7 百分点。因此，"千方百计稳定外需"是吴江市短期内面临的最大困难。只有实现"扩内需"、"稳外需"的协调发展，吴江市经济才能保持快速增长的态势。

出口企业遭遇了较大的经营风险，也构成了银行经营的风险。吴江市外贸出口结构对外部融资具有高度依赖性，在金融危机下，资金短缺问题更加突出。如果加强金融对出口的支持，将会对出口产生显著的促进作用。面对困境，金融机构提升服务水平，对优化吴江市出口环境，解决融资、避险等难题，减缓国际金融危机冲击、提振出口企业信心、保持吴江市出口竞争力产生了积极效果。

二、增强金融实力 提高融资能力

金融机构是货币政策的传导中介，金融体系的健全发展程度和金融机构的业务能力直接影响货币政策的执行效果。只有资金实力的不断壮大，增强资金供应能力，才能为"稳出口"提供有效的金融支持。

一个地区快速发展的经济和不断优化的金融环境，吸引了众多的金融机构入驻。以吴江为例，除了工农中建四大行已在吴江市设有支行外，交通、中信、江苏、邮政储蓄、农发行、民生、光大等商业银行均纷纷入驻吴江市，提升了吴江金融支持出口的能力。在政府的政策鼓励和人行的窗口指导下，各银行对"稳出口"给予了有效支持，"稳出口"又为银行的发展营造了良好的经济环境。以工行吴江支行为例，该行对吴江出口企业的成长和发展给予了多方面的支持。例如，当江苏福丝特家纺有限公司刚兴建厂房时，工行吴江支行就给予授信支持。在工行吴江支行的支持下，福丝特家纺短短几年发展成为年产 2000 万米织造能力的优势企业，主要产品 80% 间接出口到美国、英国等地。吴江快速发展的经济，为工行吴江支行的发展提供了良好的市场环境，实现了银企合作双赢的良性互动。截至 2008 年末，该行各项指标实现了三年翻一番。实力的不断增强，又提高了该行对地方经济的服务能力。近年来吴江市工行不断加大网点更新改造步伐，2008 年吴江东盛支行隆重开业。

在提升传统金融机构规模的同时，还需不断健全融资服务体系。吴江人具有敢于创业的传统，近年来。当地民营企业发展迅速，成为出口或出口配套行业的重要力量。为破解中小企业贷款难的需求难题，小额贷款公司在吴江市也得到迅速发展。2008年11月江苏省首家股份制小额贷款公司——吴江市鲈乡农村小额贷款股份有限公司成立，注册股本金为3亿元，为全国小额贷款公司之最。2009年吴江市巾帼小额贷款责任有限公司、吴江市苏南小额贷款股份有限公司相继开业。小额贷款公司在开展传统贷款业务的同时，与国有大银行错位发展。为了解决中小企业抵押物不足和担保困难，小额担保公司创新经营模式，开展"融通仓"、企业联保等业务，为中小出口企业解决流动资金的困难提供了一条新的途径。

金融体系的完善和金融机构的实力增强，大大改善了企业的融资环境，吴江市信贷规模不断增大。在风险可控的基础上，金融机构对出口企业积极开展固定资产贷款、流动资金贷款、循环额度借款、账户透支、票据承兑及贴现、开立保函及信用证、进出口贸易融资等业务，为当地稳定出口提供了有力的金融支持。

三、银企战略合作 改善出口产业比较优势

比较优势是竞争优势的基础，对国际分工具有决定性的作用。只有具有比较优势的产业，在国际竞争中才能获得持续的竞争优势。因此，"稳出口"就必须首先培育改善出口产业的比较优势。要素禀赋、技术和规模经济是比较优势的来源，但是，最近的国际经验也证明，金融体系和信贷能力也是决定比较优势动态变化的基本因素之一，对外部资本具有较高依存度的产业更是如此。Kletzer&Bardlhan（1987）的理论证明各国信贷优势的差别会影响该国的比较优势，决定该国出口中间品或最终品。Svale和Vlachos（2001）证明了金融发展引起了贸易的比较优势而不是相反的逻辑关系。Beck（2002）详细分析了金融改变要素禀赋、技术和规模经济的原理与经验。认为金融系统较为发达的国家是规模收益递增产品的净出口者，金融发展影响了贸易余额结构。根据动态比较优势理论，资本积累和技术进步是比较优势动态化的基本因素。Beck对65个国家1966～1995年近30年的数据所做的跨部门数据估计和组截面数据估计，显示无论是资本积累还是技术进步都离不开金融业的支持。在金融发展水平与制成品出口/GDP、制成品出口/总出口等反映贸易结构的比率之间呈现显著正相关。因此一国（地区）发达的金融优势可以转化为制成品生产中的比较优势，从而金融发展水平较高的国家（地区）在制成品方面有比较优势。有效率的金融体系不仅能够推动制成品的生产，也能够促进制成品贸易比

例的提高。

Beck 等人的研究成果说明，对出口产业的培育政策要优先考虑金融的支持。2000 年以来，机械和运输设备、服装、化学成品及有关出品、钢铁、纺织品等制成品占中国出口商品额的比重越来越高，已高达近95%。相对于原油、煤炭、香烟、服务等产品，这些制造业出口企业普遍具有较高的外部融资依存度。金融危机时期，出口企业资金周转率的下降使外部融资依存度进一步提升。此时，较高的金融发展水平和良好的银企合作有助于出口企业获得更多的外部融资，改善这些产业的比较优势。

建立银企之间的伙伴关系，提升信贷对出口的支持能力，对出口产业竞争力的培育具有突出的现实意义。以苏州吴江市为例，丝绸纺织业、光缆电缆产业和装备制造业是吴江市民营经济的三大支柱产业，也是最具有竞争力的出口产业之一。多年来，吴江市银行和其他金融机构对这三大产业给予了大力支持，提高了吴江民营企业的资本积累和技术进步能力。三大产业高科技研发和产业化能力日益成熟，增强了其出口比较优势。纺织业是吴江市的传统产业，银行及其他金融机构积极支持产业发展升级，帮助纺织产业从量的扩张向质的提升转变，从依靠资源消耗向依靠科技创新转变，从产品同质化向差别化转变，全力打造世界级纺织产业基地。例如，在银行的支持下 2008 年纺织企业的龙头——恒力集团亮光丝项目正式投产，差别化涤纶工业长丝项目建设开工。2009 年化纤技改和生产项目投资开工建设。随着比较优势的形成，恒力集团产品出口国家也从原来的韩国、土耳其，扩展到印度、越南、意大利、泰国等国家。恒远牌涤纶长丝成为 Nike、Adidas、丰田汽车等国际知名品牌使用的纺织品原料。即使在国际经济萧条的背景下，该企业出口仍旧保持了快速增长，2007、2008 年出口环比增长率分别为302.68%、36.40%。同样，在化纤出口市场大幅萎缩的 2008 年，纺织业另一龙头企业盛虹集团，凭借产品优势，出口增长了近三倍。

在金融支持下，吴江市新兴支柱产业光缆电缆产业和装备制造业国际竞争力不断提升。作为吴江市光电产业的领军企业，亨通光电通过资本市场直接融资和银行贷款间接融资，企业技术创新和产业化能力不断提升，产业链不断完善，国际市场推广能力不断增强。目前，亨通光电的产品已销往三十多个国家和地区，2007 年出口环比增长率高达151.81%。2008 年，该企业较强地抵御了各种市场不利冲击，增长率仍旧高达78.32%。

表3.3 2006~2008 亨通光电、恒力化纤出口总量和环比增长率

年份	亨通		恒力	
	出口（万元）	环比（%）	出口（万元）	环比（%）
2006	2048.12	——	12558	——
2007	5157.31	151.81	50568	302.68
2008	9196.41	78.32	68973	36.40

注：亨通数据来自上市公司年报，恒力数据由该公司财务部门提供。

四、拓宽贸易融资渠道 增强企业资金流动性

金融系统具有降低风险、有效配置资源、动员储蓄、便利交易和加强监督管理等功能，对一国对外贸易的引发和带动作用越来越明显。发达的金融系统可以支持产业发展，改善要素禀赋、技术和规模经济等比较优势之外，还可以发挥其降低风险、便利交易和加强监督管理等功能，向出口行业提供便利的融资渠道、出口保险等便捷工具，促进出口贸易的发展和出口贸易结构的优化。金融危机以来，出口企业普遍面临收账周期增长、资金收益率下降等挑战。企业一方面是迫切需要银行的贷款支持，另一方面又希望银行尽可能帮助企业降低贷款财务成本。

为了加速出口企业资金周转和提高资金使用效益，银行可以多途径增加出口企业可用资金额度。例如，为了支持企业积极拓展海外业务，在风险可控的前提下，银行可以根据企业信用状况和具体项目，积极争取采用授信的方式开立保函。再例如，为了支持出口企业的发展，银行可以对部分授信额度不足的优良客户，专门增加贸易融资的额度，或使用被代理企业的额度，用好用活信贷政策，保证业务的正常开展。还可以根据银行实际情况，做出对出口企业的出口押汇融资做出不占信贷额度的决策。此外，考虑到金融危机以来进出口企业盈利能力减弱的现状，银行应从战略合作和金融生态建设高度考虑，对一些优秀和长期忠诚客户给予汇率、利率和费率等方面的优惠，增强抵御市场风险的能力。

例如，金融危机以来，吴江市各商业银行国际贸易融资业务能力和规模都保持了快速发展。其中吴江市区，2009年6月贸易融资发生额是1月的4.67倍，上半年贸易融资额是2008年同期的2.09倍。减免保证金开证、进口押汇、打包、假远期、信保项下押汇和福费庭等传统业务的开展，对帮助出口企

业争取订单、降低收款风险和加快资金周转发挥了很好的作用。例如，华音制衣是一家全部外销的服装企业，2009 年上半年，农行吴江支行对其共发放打包贷款 1176 万美元，福费庭 391 万美元，保证了企业生产销售的正常进行。金融危机以来，该企业从以往的代理转向自主品牌，出口量不但没有减少，反而比往年有了更大的增长。

在传统出口贸易融资业务快速发展的同时，金融机构还应努力开展新的贸易融资业务，满足企业融资需求，增强出口和出口配套企业资金流动性发挥积极推动作用。例如，21 世纪企业之间的竞争已不再是单个企业间的竞争，而是供应链与供应链之间的竞争，国家贸易供应链运行模式已经形成和成熟。顺应这种趋势，国内外银行业的先行者们推出了供应链融资产品战略。一些中小企业如果按照传统的信贷模式，因为缺乏抵押、担保等条件，不可能贷到款，但通过加入到某个物流企业供应链后，就能"打包"融资。但是，作为一项新的创新业务，银行需要不断提高企业征信和产品定价能力，才能实现产品的推广。此外，对有市场、有效益、有前景的优质出口企业，银行应提供"贷款＋信用证＋承兑＋贴现"的综合金融服务。银行还可以和专业市场合作推出仓单质押业务。例如，2008 年苏州地区中远物流供应链融资监管仓库项目正式启动，2009 年中信银行盛泽支行和东方丝绸市场交易所合作推出仓单质押业务，对解决中小企业缺乏抵押、担保难题，发挥了积极作用。

五、提高金融业服务能力 增强出口企业竞争力

提高金融业服务能力，增强出口企业竞争力。金融业既是服务外向型经济的重要方面，也是构成配套产业链的重要部分。金融业的发展水平和服务能力对出口企业的商务成本和风险管理有着重要意义。银行及其他金融机构通过提升产品营销能力，提高服务意识和服务技能，将对稳定出口发挥有效的推动作用。

首先，汇率风险是出口企业面临的主要风险之一。2008 年，人民币兑主要国际货币的汇率呈现大幅波动走势。2009 年，人民币兑美元汇率相对平稳，但是，人民币兑日元、欧元的汇率仍旧存在较大波动。韩元、越南盾、泰铢等货币总体也呈现大幅贬值态势。汇率的波动和人民币的升值对出口企业构成了较大的财务和经营风险。

国内部分出口欧洲的服装，采取分批出货、分批结汇的方式进行支付。2008 年 8 月美元开始走强，欧元对人民币汇率开始急剧下跌，最低点比最高点

下降了近30%。欧元的贬值，让这些出口企业损失惨重，对于利润在5%—10%左右的出口纺织服装业是致命的打击。致使有的企业，由于无法控制汇率风险，超过两个月的订单都不敢接。还有的企业为了方便贸易，在同韩国、越南等的新兴市场的贸易中，出口产品多以美元计算和结算。在汇率稳定时期，这种结算方式顺利进行。但当这些国家的货币大幅贬值时，为了减少损失，进口商往往提出推迟交货时间或违约。此外，货币贬值造成这些国家进口成本的上升，进口减少，最终导致出口企业压力增加。为了降低企业的财务风险，银行可以积极加大规避汇率风险金融工具的推广营销，通过福费廷、进口押汇、远期结售汇等产品组合应用，帮助外贸企业进行风险管理，盘活了企业资金，降低外贸企业财务成本。例如，2008年，吴江市苏达进出口有限公司向土耳其出口了近5万米麂皮绒，通过"福费廷"业务，该企业成功地将信用证债权让渡给了银行，并在发货后半个月内就从银行拿到了货款，从而减少了汇率风险损失，盘活了企业资金，提高了出口贸易能力。

其次，在常规避险业务的基础上，银行还可以和优质客户进行更深层次的合作，提升企业规避国际贸易风险的管理水平。例如，2008年中国农业银行总行与江苏恒力化纤有限公司签订了企业常年财务顾问协议，对该公司在国际结算、汇率风险等方面提供了全面的服务。（1）农业银行利用自身优势，仔细分析论证，提供一份可以在农行吴江市支行进行福费廷融资的银行名录及近期的报价情况，供企业参考。（2）在恒力化纤接受到客户的远期信用证后，农行吴江市支行在按照前期约定价格与其签订福费廷融资协议，消除其远期债权下债务人信用风险、国家风险、汇率变动风险和利率风险。（3）在恒力化纤交单完毕后，农行吴江市支行再认真审核其单据，避免出现单证不符导致国外开证行晚承兑等情况，同时农行吴江市支行在寄单后及时将DHL号码返回恒力化纤，便于其与农行吴江市支行一起做好单据跟踪工作。（4）在取得对方开证行的密押电文后，农行吴江市支行立即给客户融资，以达到改善其现金流，提前办理收汇核销和出口退税。若超过预定期限开证行晚承兑等情况，农行吴江市支行及时与客户取得联系，催促开证行做出承兑。

第三，创新是银行服务经济能力的重要体现也是现代银行的核心竞争力，反之，具有强竞争力和优质服务的银行也有利于企业商务成本的降低。但是，国内许多实务工作者认为，在现有体制下，基层银行创新权力和能力有限。其实不然，熊彼特提出"技术革新"包括：引进新的产品；引进新的生产方法；

开拓新的市场、开拓原材料的新供给源；创新的组织等5个方面。金融业支持出口过程中，可以从新的组织、新的市场、产品组合、服务流程等多方面创新，提升服务能力。例如，在苏浙地区民营企业发展迅速，成为出口或出口配套行业的重要力量。但是，民营企业中的中小企业普遍融资困难。与国有大银行错位发展，近年来，苏南小额贷款公司迅速发展，为中小出口企业解决流动资金的困难提供了一条新的途径。此外，对出口企业集中的开发区企业还可以派专车专人上门服务，推出企业金融顾问等创新业务，这些服务都将对企业管理成本的下降提供有益帮助。此外，近年外资银行在部分金融发达地区快速发展，外资行在国际贸易融资和风险管理方面丰富的展业经验，有利于提高对出口企业金融支持的能力。以吴江市为例，人行、政府可抓住上海、苏州外资银行积聚这一有利条件，和外资行主动联系，积极搭建银企合作平台。汇丰银行等银行的国际信用业务、保理业务和对外贸易产品的推广，受到出口企业的青睐，对吴江市出口企业融资、风险管理起到了积极推动作用。

第四节　结论与建议

高效的金融服务可以支持产业和出口商品结构升级，降低成本，提升出口企业在国际分工和竞争中的地位。当前出口环境存在众多不利因素，出口业务风险上升，对金融业的发展也构成了潜在的风险。但是，"风险"和"机遇"同在，许多出口企业面临的仅仅是短期困境，甚至还有企业面临更大的市场机会。危机期间，出口企业更需要金融业的支持，这既是"稳出口、保增长"的需求，也是稳定和改善金融业自身生存环境的需求。如何在不利的环境下，抓住发展机会，实现银企合作的双赢，也是对金融企业经营能力的挑战。

但是，相对于国内外快速发展的贸易融资和"稳出口"的具体需要而言，还亟需银政企共同努力。为出口经济的发展提供更加有利的金融支持，应关注以下几方面。

第一，加强多方合作，争取政策性金融机构支持出口的力度，加大地方政府对商业金融机构支持出口的鼓励。目前，国内多数地区出口信贷、出口信用保险等政策性金融业务总量相对不足，滞后于出口的快速发展。2009年，国务院将大幅提高短期出口信用保险承保规模，提高出口信用保险覆盖率放在了六项稳定外需措施的首要位置。江苏省政府也出台了出口信用风险补偿专项资金计划。农行吴江市支行、中行吴江市支行等金融机构抓住市场机会，主动和中信保合作，搭建银信贸融资合作平台。但是，受各种限制，吴江市信保项下的押汇等业务仍旧进展缓慢，远远不能满足企业的需求。进出口银行的出口信贷和其相关金融业务也处于同样局面。

第二，更新银行业务发展理念。国际上先进银行在开展贸易融资业务时的一个重要理念是：贸易融资业务是一种交易性银行业务，银行应该从整个贸易周期来关注客户的需求，而不是从分立的角度，仅为一两个贸易环节提供资金支持或者贸易单证服务。因此，客户的需求不同、触发融资需求的时点不同、融资的目的不同，银行提供的融资组合方案也不尽相同。在这种理念指导下，国内外先进的银行对贸易融资业务进行风险计量时，是从整条供应链的角度重点关注贸易背景的真实性和贸易合作关系的连续性。但是，受长期形成的存贷业务观念的制约，多数商业银行把国际贸易融资等同于短期流动资金贷款进行运作，应用流动资金贷款的授信理念和运作模式。融资对象的财务及资信状况仍然是决定国际贸易融资能否发放的主要因素，而忽略了对贸易融资业务特点的分析及对贸易周期动态数据的跟踪。

第三，加强贸易融资信息化技术建设。近年来，电子单据及网络技术的发展对国际贸易融资领域带来了巨大影响。要为国际贸易融资提供优质服务，金融机构必须有发达的信息技术作支持。21世纪企业之间的竞争已不再是单个企业间的竞争，而是供应链与供应链之间的竞争，国家贸易供应链运行模式已经形成和成熟。顺应这种趋势，国内外银行业的先行者们推出了供应链融资产品战略。而商业银行供应链金融之间的竞争归根结底是信息技术之间的竞争。尽管国内金融机构已尝试开展和供应链融资相关的贸易融资业务，但是，距离真正意义上的供应链融资，还相去甚远。多数商业银行仍然采用比较传统的业务系统和运作流程来支持国际贸易融资业务的运作。银企之间缺乏贸易信息共享，未能建立一个能够对国际贸易供应链中货物及资金的流动实现实时数据传递和动态分析的信息技术平台。目前，银行仅针对整条国际贸易供应链的单个环节提供融资业务，而不能提出有效满足客户需求的整合方案，提供更大的增值服务。

为客户提供详尽、及时的收付款信息，帮助客户减少后台操作的压力是银行贸易融资服务最重要的增值部分。提高供应链运作的效率，最有效的方法就是使金融与实物的供应链同步化。国内外一些先进的银行通过大力开发网上银行，增加渠道服务项目及开发银企直联等方法与客户之间建立起信息共享平台，帮助客户降低操作成本，受到客户的极大欢迎。但是，国内商业银行在电子商务技术的引进和运用方面还明显不足，限制了优质贸易融资业务的开展。

第四，加强专业人才培养和引进。一方面，银行缺乏专业人才，限制了贸易融资业务在吴江市的开展。由于贸易融资占用资金少，并且能在较短的时间内有效地渗入到企业的贸易环节中，为银行带来许多沉淀于其他业务中间的丰厚利润，近年来，各商业银行都视其为高收益、低风险的业务，商业银行总行不断进行金融产品创新，创新程度不断深化。开展国际贸易融资业务需既懂国际惯例、懂操作技术又精通信贷业务的复合型专业人才。但是，到了县级支行，受制于经验和理论知识缺乏，部分工作人员不能尽快精通业务，导致业务推广不利的现象时有发生。另一方面，企业缺乏精通国际贸易融资创新业务的人才，缺乏对金融产品和金融衍生产品的了解，导致无法利用金融工具规避风险和进行贸易融资，也致使某些贸易融资产品和避险工具使用较少。

第四章

应对贸易摩擦与优化外部环境

在管理贸易主义和战略贸易主义市场势力呈抬头趋势下，贸易摩擦呈现数额高、形式多、领域广、全球化等新特点。根据商务部 2011 年的统计，截至 2008 年，实际填报存续情况的 134 家申诉企业（包括原审和复审企业）中，发生减产、停产或转产、重组、更名的企业数为 75 家，占 56%。其中，已停止生产原涉案产品的企业有 32 家，对涉案产品进行减产的企业有 28 家，重组（破产除外）的企业有 24 家①。随着贸易壁垒新趋势、出口主体结构调整和 OBM 战略的实施，预期贸易壁垒对我国未来出口的影响呈加剧趋势。技术进步和产业升级具有重要的战略意义，但是其消除贸易壁垒的效应，并不如多数人想象的那样显著。从长远而言，实现经济增长的内外均衡才是破解贸易壁垒难题的根本之道。但是，就短期应对策略而言，应强调提升地方政府、企业、行业组织、中介服务机构对贸易壁垒的技术能力。

第一节　贸易摩擦的现状与特点

一、对贸易摩擦的定义

广义的贸易摩擦包括因制度体制、风俗习惯、消费观念等差异引起贸易双方之间在进出口领域的冲突和不协调。狭义的贸易摩擦是指当某一贸易方为了维护本国的利益而采用一定的贸易政策措施进行保护或限制时，若另一方采取报复性措施或者要求对方取消贸易障碍，产生的摩擦。可见，贸易壁垒是狭义贸易摩擦的主要产生原因。国际规则协议并没有对"贸易壁垒"的明确定义。

---

① 从我国贸易救济案件看涉案企业存续变化，国际商报，2010 年 2 月 10 日，第 005 版

在中国，商务部 2005 年 2 月发布的《对外贸易壁垒调查规则》总则第三条规定："外国（或地区）政府实施或支持实施的措施，具有下列情形之一的，视为贸易壁垒：①违反该国（或地区）与中国共同参加的多边贸易条约或与中国签订的双边贸易协定；②对中国产品或服务进入该国（或地区）市场或第三国（或地区）市场构成或可能构成不合理的阻碍或限制；③对中国产品或服务在该国（或地区）市场或第三国（或地区）市场的竞争力造成或可能造成不合理的损害。④外国（或地区）政府未履行与中国共同参加的多边贸易条约或与中国签订的双边贸易协定规定的义务的，也视为贸易壁垒"。

贸易壁垒通常分为关税壁垒和非关税壁垒，非关税壁垒主要包括通关环节壁垒、歧视性地国内税费、禁止进口、进口许可证制度、技术性贸易壁垒、卫生与植物卫生措施、贸易救济措施（两反两保）、政府采购中对进口产品的歧视、出口限制、补贴、与贸易有关的投资壁垒措施等。其中，贸易救济措施（两反两保）是指反倾销、反补贴、一般保障措施和特别保障措施。近年来，所谓"合规性"贸易壁垒成为全球贸易壁垒发展的主流。这些措施名义上以保护环境为由，看似没有不违背 WTO 的有关规则，但实质上是为了保护本国产业和市场。有些甚至非常滑稽，严重违背常理。

二、贸易摩擦数额趋于增长态势

（一）贸易摩擦发生数量增多

根据 WTO 统计，2009 年全球货物贸易额步入低谷，总额 12.15 万亿美元，跌幅 24%，是 70 多年来的最大降幅。其中，美国、欧盟和日本降幅均高于世界平均水平。而中国下降 16%，低于世界平均降幅。当年，中国商品贸易出口额超越德国，成为世界上最大的货物贸易出口国。中国 2010 年出口额增长 31%，达 1.578 万亿美元，占世界出口贸易额的 10.4%，继续排名世界第一出口大国，且出口额比排名第二的美国和第三的德国高 23.47%、24.35%。

尽管贸易摩擦是一个随机波动的过程，但是，总体而言将随着双边贸易量的增加而增多。以贸易调查案为例，1979～2010 年，国外对华共启动 1405 起贸易救济调查。其中，反倾销 1077 起，占比 76.65%；反补贴 43 起，占比 3.06%；涉华保障措施 200 起，占比 14.23%；特别保障措施 85 起，占比 6.05%。而 2001～2010 年 10 年间，我国共遭受国外的贸易救济调查案件 692 起。其中反倾销有 510 起，反补贴 43 起，保障措施 106 起，特保措施 33 起。

从纵向比较看，入世十年的贸易救济调查数占 1979 年以来 31 年间总数的 46.25%，反倾销、反补贴、保障措施和特保案也分别是 31 年总数的 47.35%、100%、53.00% 和 38.32%。可见在三分之一的时间里发生了近一半的贸易救济调查案件，中国已成为国际贸易保护主义的首要目标国。

表 4.1　国外对华发起贸易救济调查案件比较

年度	救济调查（起）	反倾销		反补贴		保障措施		特保案	
		起	占比%	起	占比%	起	占比%	起	占比%
1979 ~ 2010	1405	1077	76.65	43	3.06	200	14.23	85	6.05
2001 ~ 2010	692	510	73.70	43	6.21	106	15.32	33	4.77
前后期比%	49.25	47.35	96.14	100.00	203.03	53.00	107.61	38.82	78.83

注：前后期比是指 2001 ~ 2010 年累计数值/1979 ~ 2010 年累计数值

资料来源：根据《2009 年国外对华贸易救济案件综述整理》和《国别贸易投资环境报告（2011）》

横向比较，我国已经成为全球贸易摩擦的最大受害者和重灾区。截止 2010 年，我国已经连续 16 年成为全球遭遇反倾销调查最多的国家（1995 ~ 2010 年），连续五年成为全球遭遇反补贴最多的国家（2006 ~ 2010 年）。以 2009 年贸易救济调查案为例，世贸组织成员共启动 205 起反倾销调查和 28 起反补贴调查，其中，涉及中国产品的分别为 77 起和 13 起，占比各为 37.6% 和 46.4%。2009 年中国的出口占全球的 9.6%，但遭受的反倾销案占到全球的 40%，反补贴案占全球的 75%，遭遇的贸易调查数占同期全球案件总数的 43%①。从发起国来看，1995 ~ 2010 年，美国启动的 443 起反倾销调查共涉及 54 个国家（地区）。其中，涉及中国的案件数 102 起，占美国反倾销立案总数的 23.0%，位居首位，约是位居第二位的日本的 3.1 倍。随着全球经济的复苏，我国遭受"两反一保"贸易救济调查的数量较 2008、2009 年出现迅速回落。2010 年中国出口商品共遭受国外 66 起"两反一保"调查，其中，反倾销

---

① 中新网，商务部称中国已成贸易摩擦第一目标国，http://www.chinanews.cn/cj/cj-gncj/news/2010/06-03/2320175.shtml

案件43起、反补贴案件6起、保障措施案件16起、特保案件1起。2011年国外对华发起"两反一保"调查，基本稳定，共计67起。但是，中国仍旧是全球遭遇贸易摩擦最多的国家，当年全球47%新发起的贸易救济调查和已完成的案件都针对中国。

虽然，近两年来，贸易救济调查案件明显下降，但是，贸易摩擦形式却不断地翻新。人民币汇率制度、自主创新政策、新能源政策、知识产权保护、投资环境、市场准入等问题逐渐成为贸易摩擦的新热点。以337调查为例，1986年，中国企业首次遭遇337调查，但是，自2006年以来至2011年，我国企业遭遇美国337调查的案例大幅增加。从2002年至2011年，中国已连续10年成为遭受337调查最多的国家，调查总项数和占比均保持较高水平（见表4.2）。2010、2011年我出口产品分别遭遇19起和26起美国337调查，两年占比均为37.7%，均位居首位。涉案产品也从由机电产品逐步蔓延到轻工产品、医药产品、机械产品、化工产品、汽车产品以及其他产品。

表4.2 美国对中国发起337调查情况统计

年度	发起调查总数 （项）	对中国调查 （项）	中国占比 （%）
1986～1995	143	3	2.10
1996～2005	177	43	24.30
2006	33	13	39.40
2007	36	18	50.00
2008	41	13	31.70
2009	35	15	36.59
2010	56	19	33.93
2011	69	26	37.68

数据来源：根据"上半年美国337调查情况分析"和"2011年美国337调查情况分析"整理，中国贸易救济信息网

（二）贸易摩擦涉案金额增大

中国面临贸易壁垒措施不仅数量增多，而且单件案件涉案金额不断上升，形式日趋多样化。例如，2009年11月，美国商务部对进口中国的油井管做出征收反补贴关税制裁。涉案金额约27亿美元，成为迄当时为止美国对中国贸

易制裁的最大一起案件。2010 年 6 月，欧盟对原产于中国的数据线（简称
"WWAN"）实施反倾销和保障措施调查。9 月，"反保"双案调查进一步演变
成反倾销、反补贴和保障措施的"三案调查"，以求通过数税并征，达到通过
高税率拒中国产品于外的目的。总涉案金额逾 40 亿美元，成为迄当时为止欧
盟对中国发起的涉及金额最高的贸易调查案件。另一方面，涉案税率高位不断
攀升，具有明显的惩罚性质。发起国的目的明显是不置相关产业产品出口于绝
地不罢休。以美国 2010 年 1 至 5 月对中国的反倾销、反补贴制裁为例，多数
案件反补贴税、反倾销税合并后，税率均高达 100% 以上。其中，对从中国进
口的钻杆发起双反调查，倾销税率高达 429.53% ~ 496.93% [1]。

三、贸易摩擦形式趋于多样化

（一）滥用贸易救济措施仍旧是贸易摩擦的重要起因

第一，反倾销被诉案件占全球比例呈上升趋势。根据 WTO《反倾销协
定》，反倾销是对外国商品在本国市场上的倾销所采取的抵制措施。WTO《反
倾销协定》"允许进口成员国对倾销产品进行调查，核实进口产品确实存在倾
销、损害，因果成立，进口国政府可以采取反倾销措施，对进口产品征收反倾
销税，或与出口产品的企业达成价格协议和解，对出口产品的价格或数量进行
限制"。一般是对倾销的外国商品额外征收反倾销附加税，使其不能低价竞
争。WTO《反倾销协定》只是规则的文本，具有较大的弹性，因而被成员国
频繁用来作为贸易保护主义的借口。事实上，为了保护国内行业免受国外出口
企业的竞争，部分国家即使在外国竞争出口产品没有倾销产品时，或因果关系
不明确时，也可能会发起反倾销调查，存在明显的随意性和不公正性。由于中
国被歧视性地判定为"非市场经济国家"，国外可以以第三国价格替代中国价
格作为裁决依据。例如，欧盟甚至以美国作为第三国作为参照。因此，反倾销
指控很容易成立，并因此征收极高反倾销税率。近年来，全球反倾销调查数量
总体呈下降趋势（见图 3.1，注，2009 年有所反弹，2010 年又有所回落），中
国涉案调查数量居高不下，且反倾销大案也高位攀升。1980 ~ 1989 年，我国
被诉反倾销 64 起，占世界反倾销案总数 1388 起的 4.6%；1990 ~ 1999 年，我
国被诉反倾销 306 起，占世界反倾销总数 2321 起的 13.2%；但是，自 1999 年

---

① 详见：商务部主办世界买家网资料"美国进口反倾销反补贴税涉及中国输美产品列表"，ht-
tp：//win. mofcom. gov. cn/alert/information. asp? id = 8028

之后，我国被诉案件数量占比就呈现持续上升趋势，保持 35% 以上，即每 3 起案子就有 1 起涉及中国。

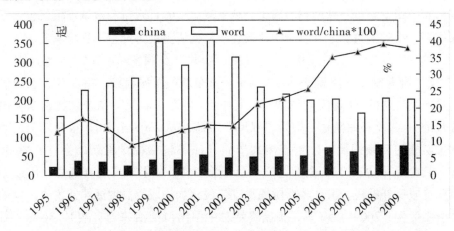

图 4.1　1995~2009 年中国被诉反倾销同全球发起总数比较

数据来源：中国被诉数据根据中国商务部公平贸易局网站数据整理，http：//gpj. mofcom. gov. cn/

第二，反补贴调查被诉数量快速增加。目前反补贴已成为中国贸易摩擦的新热点问题。2004 年，加拿大首开对中国产品进行反补贴调查先例，对烧烤架发起反倾销、反补贴合并调查。随后，又对紧固件、复合木地板、铜制管件和无缝石油套管等产品发起反补贴调查。2006 年 11 月，美国对中国出口铜版纸发起反倾销反补贴合并调查，是第一个在不承认中国市场经济地位情况下对中国发起反补贴调查的国家。2004~2011 年间，中国遭遇反补贴调查数量分别为 3、0、2、8、11、13、6 和 9 起，已连续五年成为全球遭遇反补贴最多的 WTO 成员。调查发起国也有加拿大、美国向澳大利亚、南非、印度等国扩展。其中，美国是全球反补贴调查的最大发起者，其发起的反补贴调查数约占全球的 41.3%。中国是美国反补贴调查的首要被诉方，1995~2010 年，美国共对 25 个国家（地区）启动了 105 起反补贴调查。其中，涉及中国的案件数居首位，为 26 起，占美国反补贴调查总数的 24.8%，是位居第二位的印度的 2

倍。案件涉及补贴项目名目繁多①，直接针对政府政策和产业发展战略。大部分裁定的补贴税率很高，最高的产品甚至高达615.92%。从发展趋势看，短期内对中国发起反补贴调查的国家会越来越多、案件数量和被调查项目也将不断增多，将对中央和地方政府的政策经济结构调整能力产生不利影响。

第三，"双反"、"反保"、"三反"合并调查频发。"双反"、"反保"、"三反"合并调查案件频发成为中国贸易壁垒新的发展趋势。2009年，在中国出口产品遭遇的79起反倾销调查，其中12起为"双反"调查。特别是美国终裁的10起反补贴措施，均为"双反"措施。从2008至2010年5月美国对中国实施的反倾销反补贴措施涉案产品（注不包括税令更新的案件）共36起，其中反补贴13起，全部为"双反"案件②。如果双反调查成立，出过国则既征收反补贴税，又征收反倾销税，二税相加构成较高的惩罚性税收。以油井管案为例，2009年12月，美国终裁对中国出口的油井管实施10.36%（后调整至10.49%）~15.78%反补贴关税制裁。2010年4月，美国商务部做出终裁，对从中国进口的油井管征收反倾销税，税率为29.94%~99.14%，大多数企业需接受43%多的关税制裁。致使油井管出口大省广东等地2009年出口美国大幅下降，基本退出美国市场。

受美国"双反"调查示范效应的影响，其他发达国家和发展中国家对中国的"双反"调查数量也呈上升趋势。例如，2010年2月，欧委会发布公告对中国铜版纸立案反倾销调查。4月，欧盟又对中国铜版纸进行反补贴立案调查，构成了"双反"。不仅如此，欧盟还对中国出口产品数据卡同时发起保障措施、反倾销和反补贴"三反"调查。

此外，近年来中国遭受保障措施和特别保障措施调查的案件也时有发生。2007~2011年间，分别遭受9、14、23、16和9起保障措施调查案件，占贸易救济调查案件的比例较之前有所提高。特别保障措施是指根据中国《入世议定书》"特定产品过渡性保障机制"的规定，同一般保障措施相比，特保条款实施门槛低，弹性大，结案时间短。2002年5月西班牙向欧盟委员会提出了

---

① 商务部认为，仅中央项目就涉及贷款、生产要素投入价格非市场化类、政府产业拨款类、税收类、股权类、外汇类和出口限制类等。包括7大类46个项目。事实上，从数据卡三案调查、苏州生活用纸反补贴调查案等来看，远不止于此。

② 注：详细情况可以参阅世界买家网"2008至2010年5月美国实施的对华反倾销反补贴措施涉案产品"。

对中国柑橘罐头实施特别保障措施的申请，这是中国加入世贸组织后第一次遭遇特别保障措施挑战。但是，最引人关注的还是美国采取的"轮胎特保案"。2002 年至 2005 年间，美国曾先后对中国发起 6 起"特保保障调查"，最终均以不采取措施结案。但是，奥巴马于 2009 年 9 月份签署通过了针对中国进口轿车用轮胎的特保案。对中国进口轮胎实施为期 3 年的惩罚性关税。受美国示范效应的影响，阿根廷、印度、印度、巴西等国也先后对中国轮胎产品发起反倾销调查。

（二）知识产权、技术性贸易壁垒对中国出口的影响将更趋复杂

由于国际间贸易组织和区域合作贸易协议限制了各国提升关税的可能性和数量大小，保护主义措施更多的是采用非关税壁垒的形式。非关税壁垒不是税收，但是会对进口产生和关税收同样的效果。非关税壁垒又包括直接贸易壁垒和间接贸易壁垒。直接非关税贸易壁垒主要包括复杂的清关手续、滥用反倾销措施、歧视性税收及进口许可制度、歧视性的政府采购体系和对某些特定行业的补贴。间接贸易壁垒主要包括 310 条款、337 调查、各种环境、社会和消费者保护标准、卫生和检疫规定（SPS）以及知识产权保护等。随着国际贸易保护主义倾向的抬头，中国遭遇的贸易壁垒形式种类也更趋多样化。一方面，滥用世贸规则允许的贸易救济措施：反倾销、反补贴、保障措施和特殊保障措施的调查案件事件频发。另一方面，传统的关税和非关税壁垒，如技术性贸易壁垒、进口限制、知识产权贸易壁垒、优先购买本国产品等各类贸易壁垒措施对中国出口的影响进一步加深。此外，以保护环境、节约能源、社会责任、劳工标准和动物福利等为借口的贸易壁垒措施将日益增多，这些贸易壁垒形式影响更加深远广泛。

第一，"337 调查"的影响。"337 调查"具有诉讼门槛低、立案时间比较快的特点。与反倾销、反补贴不同，"337 调查"并不需要证明美国产业受到了损害，而只须证明进口产品有侵权事实即可。此外，"337 调查"制裁措施严厉、制裁期限长。"337 调查"制裁的对象是产品，而非生产企业。其制裁措施包括：有限排斥令、普遍排斥令、临时性排斥令、禁令、查封和没收令等。一旦裁定普遍排斥令，就可以禁止任何侵权产品的进口，以及上下游相关产品的进口。"337 调查"应诉费动辄几百万美元，如果出现连环指控，费用将更高。而且，即使胜诉，也无法要求原告承担任何赔偿责任。因此，"337 调查"成为美国企业抵御别国产品进入美国市场最省钱、最省时的法律途径。

1986 年 12 月，美国对中国发起首起 "337 调查"。当年，美国对原产于中国的皮大衣及毛皮类产品发起 "337 调查"。此后，美国每年都对华发起 "337 调查"，数量和领域呈现不断扩大趋势。在美国企业的示范效应影响下，目前不仅美国企业对中国产品发起 "337 调查"，而且，越来越多持有美国知识产权的外国企业开始也将 "337 调查" 作为一种抑制中国企业的竞争策略。例如，日本企业就曾经在美国对中国企业发起多起 "337 调查"。中国已连续 10 年成为遭受 "337 调查" 最多的国家。涉案产品也由机电产品，逐步蔓延到化工、生物、轻工、医疗器械等领域。

第二，绿色壁垒的影响。绿色壁垒也被认为是广义的技术性贸易壁垒的一种特殊形式。目前，欧美日等发达国家已制定了 1800 多个关于环境与资源保护条约。绿色壁垒的表现形式名目繁多，花样百出，主要有绿色关税、绿色市场准入、绿色反补贴、环境贸易制裁、强制性绿色标志等等。欧盟、日本、法国、德国、美国、加拿大、澳大利亚、西班牙等地区和国家都有严格的绿色检验标准限制。"在全球 4917 种商品中，受绿色壁垒影响的商品达 3746 种"①。目前，绿色壁垒已影响到中国农产品、纸制品、鞋类、纺织品、建筑材料、油漆、涂料、清洁用品、电动工具、食品、电池、机械产品、橡胶制品等众多的出口行业，对中国出口产品竞争力造成较大的威胁。例如，仅欧盟 2003 年公布，并于 2006 年执行的 "双绿指令"（指废弃电子电器设备指令（WEEE 指令）和电子电器产品危害物质限用指令（ROHS 指令），涉案机电产品出口金额就占中国出口欧盟总值的 71%②。此外，根据 "中国对外贸易形势报告（2010 年春季）"，当前与低碳经济相关联的技术贸易壁垒趋于增多③，未来将成为绿色贸易壁垒新的热点问题。

第三，技术壁垒的影响。技术壁垒名目繁多，涉及广泛的领域。认证要求、技术标准要求、有毒有害物质限量要求、标签和标志要求、包装及材料要求等名目繁多的技术壁垒已成为发达国家对中国出口设限的重要手段，对出口产生了较强的负面影响。根据质检总局 "2010 年国外技术性贸易措施对中国

① 绿色壁垒的破解之道，资料来源：中国贸易救济信息网，http：//www.cacs.gov.cn/cacs/lilun/lilunshow.aspx? articleId = 66752

② 同上

③ 商务部，《中国对外贸易形势报告（2010 年春季）》，资料来源：中华人民共和国商务部网站 http：//www.mofcom.gov.cn/aarticle/n/201004/20100406889762.html

出口企业影响调查情况"显示，在随机抽取的 2598 家出口企业调查中，就有 31.74% 的出口企业受到国外技术性贸易措施不同程度的影响，全年出口贸易直接损失 582.41 亿美元，占同期出口额的 3.69%①。

四、贸易摩擦领域不断延伸扩大

国际贸易发展史表明，贸易壁垒和成本高低、劳动密集程度并没有根本联系，发起贸易摩擦的因素非常复杂。按照国家利益的视角，贸易保护就是指通过关税和各种非关税壁垒限制进口，以保护国内产业免受外国商品竞争的国际贸易理论或政策。设置贸易保护壁垒是提高本国相关产业的市场经竞争力、增加就业、调整国际收支、纠正贸易逆差和实现经济均衡的一个重要工具。当然，也可能是出于国家战略、政治博弈需要等原因的考虑。出口产品对该国相关产业、国际收支、就业等宏观经济变量负面影响的程度，出口产品和该国产品或替代品的竞争程度，才是实施贸易壁垒措施的常见原因。当中国主动限制低价劳动密集产品和污染程度较高的产品出口时，国外一样会指手画脚。例如，2009 年，美国、欧盟和墨西哥就曾经要 WTO 就"中国对焦炭、金属硅、镁等 9 种原材料进行出口限制"政策进行审理裁决。可见，贸易壁垒的发生不在于产品的要素密集性和价格是否廉价，而是对该国的利益有利还是有害。

多数研究结论认为，通过产品结构调整，增加技术附加值，提升品牌竞争力等途径是国内出口产业突破贸易壁垒障碍的重要条件。其实，这种观点忽略了贸易壁垒的本质。当高附加值的高科技产品进入国际市场时，却遭遇了更加苛刻的贸易壁垒措施。相比纺织、资源产品出口时代，贸易壁垒形式更多，税率更高。例如，技术含量较高的油井管和无缝钢管出口就遭受了截止该案发生为止美国最大金额的对华贸易制裁。而且更为滑稽的是，在历时 8 个多月的贸易救济调查之后，美国商务部却以计算错误为由，决定修改对原产于中国的油井管的反倾销税率由初裁的 36.53% 提升至 96.51%。这一趋势，在美国"337调查"案件中更是彰显无疑。随着产业升级和出口产品技术含量的不断增加，美国对中国产品进行"337 调查"的产品结构不断升级。1998 年以前，受调查的产品主要是轻工产品。1998 年之后，则涉及电子、轻工、机械、化工、汽车、冶金、建材、医药等，且结构不断升级，计算机软件、半导体集成电路

---

① 我国三成多出口企业受到国外技术性贸易措施影响，http://www.gov.cn/gzdt/2011-09/06/content_1941246.htm

等产品成为美国涉华"337 调查"的主打产品。例如，2010 年 7 月，美国对中国发起"337 调查"6 起，涉案产品为"带有图像处理系统的电子装置及其相关软件、地下电缆及管道定位器、协同系统产品、喷墨打印机墨盒、墨盒及其同类产品以及合成橡胶制品"①，全部为具有一定技术含量的信息技术产品。

近年来，欧盟对中国国际贸易壁垒措施也由传统领域向高科技领域延伸。2009 年 3 月，欧委会对自中国进口的集装箱扫描仪进行反倾销立案调查。不顾对欧洲广大消费者福利的损害，2010 年 6 月，欧盟对中国数据卡发起反倾销及保障措施调查。9 月又开展反补贴调查，成为"三案调查"。而真实的理由或是，中国产品由于技术、成本优势给比利时 Option 公司带来较大冲击。同样，在 2009 年 8 月，德国企业向德国政府和欧盟递交了有关"鉴于中国太阳能电池板和电池片生产企业获得了政府的不当补贴，有必要阻止地域范围内的发电投资商购买相关产品"的申请。德国光伏产业联盟也在游说欧盟对来自中国的光伏产品进行反倾销立案调查②。

对中国高科技产品出口的贸易壁垒，有时还会来自间接的限制打击。例如，根据彭博社的报道，"美国的一个贸易部门将要调查诺基亚指控苹果公司专利侵权案，并决定苹果公司在中国生产的 iPhone、iPad 以及苹果电脑是否应该被禁止进入美国市场"③。

五、贸易摩擦"全球化"趋势明显

在欧美等国的示范效应下，发展中国家和地区对中国采取反倾销等贸易壁垒的行为也越来越频繁。近年来，中国与发展中国家之间的贸易壁垒日益增多。中国面临来自发达国家和发展中国家的双重压力，贸易壁垒呈现"全球化"态势。以反倾销为例，开始对中国提出反倾销指控的国家和地区只有美、欧等少数几个发达国家。如今 40 个国家和地区曾对中国发起反倾销调查，其中，2001 年~2010 年 10 年间，印度对中国发起 137 起调查，成为对我反倾销最多的国家，阿根廷 82 起，位居印度、美国、欧盟之后，名列第四。据世贸组织统计，在阿根廷发起的反倾销调查中有 1/4 针对中国产品，中国已成为受

---

① 根据商务部有关公告整理。
② 中国太阳能电池板和电池片生产企业面临德国反倾销威胁，法律快车网站，http://www.lawtime.cn/info/fanqingxiao/xieleifanqingxiao/20100424183.html
③ 位于加利福利亚 Cupertino 的苹果公司目前实行的是在海外生产产品然后再进口到美国市场。

阿贸易保护主义影响的重灾区。

贸易壁垒"全球化"趋势的发展弱化了中国出口产品阶梯发展的可能性，特别是限制了传统产业利用产品"扇形理论"延缓产品衰退的可能性，缩短了产品的生命周期。同时，也对中国出口市场多元化战略的实施效果，构成了较大的冲击。

第二节　贸易摩擦对出口影响的估计——以江苏省为例

一、江苏省出口贸易和贸易摩擦情况概述

尽管从宏观层面讲，贸易摩擦涉案金额和涉案企业数量并未严重到兴衰攸关的程度。但是，从微观层面讲，其危害已经不容忽视。根据商务部2011年的统计，截至2008年，实际填报存续情况的134家申诉企业（包括原审和复审企业）中，发生减产、停产或转产、重组、更名的企业数为75家，占56%。其中，已停止生产原涉案产品的企业有32家，对涉案产品进行减产的企业有28家，重组（破产除外）的企业有24家。如果考虑未申诉和未填报企业，这一结果可能更加严重。

以江苏为例，出口是江苏省经济增长的重要拉力。截止2010年，江苏省出口已持续10多年位居全国第二。其中，2007、2008年，江苏省出口逾2000亿美元。在金融危机影响全球贸易最严重的2009年，江苏省出口仍高达1992.4亿美元，占全国出口总额的16.58%。从江苏省出口总额和固定资产投资总额、消费品零售总额三者的绝对数比较看，2004~2008年五年间，出口均是后两指标的1倍以上。2006、2007年，出口总额甚至是消费总额的近两倍。即使是在出口快速回落，投资、消费快速增长的2009年，出口仍是固定资产投资的72.6%和消费的118.51%。如果扣除"铁公基"政府投资项目外，仅就企业自主性投资而言，出口和投资的比例将更高。

出口也是江苏省产业结构调整的重要推力。江苏省出口结构经历了农副产品和工业初级产品为主，服装、鞋、玩具等加工品出口为主，重化工业品的出口为主，机电产品出口和高新技术产品出口为主四个阶段。从出口大类来看，2008年，机电产品、高新技术产品、纺织品服装分别占全省出口的68.4%、43.7%和12.3%。出口产品结构的优化对江苏省产业升级优化和技术进步发挥了重要作用。

当前，稳出口对实现经济增长内外均衡具有重要意义。扩大内需，特别是消费需求，实现经济增长内外均衡是江苏省"十二五"期间的合理选择。但是，面对庞大的出口总额，稳出口对江苏省经济增长和社会发展有着突出意义。在"稳出口"基础上，"加快形成消费、投资、出口协调拉动经济增长新局面"，才是现实的选择。在实现经济内外均衡、消费成为经济主动力之前，"稳出口"将为"保就业"、"促转型"、"调结构"以及"社会建设"奠定有利的宏观环境。

2009 年江苏省遭遇各类贸易救济、"337 调查"、反规避等各类案件同比增长一倍，高达 78 起。涉案企业同比增长两倍，高达 1058 家。涉案金额更是高达 25 亿美元，是前 20 年的总和①。2010 年这种趋势继续保持延续，前 3 季度，就遭遇上述贸易摩擦案件 30 起，涉案金额 18.7 亿美元，涉案企业 749 家，均高于 2009 年同期。贸易摩擦对传统产业和新兴产业涉案企业出口都造成了直接不利影响，对经济增长也存在一定间接损害，预期未来这一影响仍将继续。

二、贸易摩擦对传统产业出口的冲击

以钢铁业为例。从个案看，2009 年美国发起油井管双反调查，仅无锡、常州、扬州就有 29 家企业涉案，涉案金额约 8.6 亿美元。美国终裁反补贴税率为 10.34%~15.28%，反倾销税率为 29.94%~99.14%。两税合并后，对出口美国企业造成较大的损害。无锡西姆莱斯石油专用管制造公司就认为"当惩罚性关税正式生效后，我们五年内都不会向美国出口"②。从统计数据看，2009 年全省出口钢材数量和金额分别同比下降 64%、69%。其中，沙钢国际贸易有限公司和永钢集团有限公司 2008 年出口分别增长 19.55%、1.22%，而 2009 年却分别下降 74.89%、81.77%。出口大幅下降，一方面受制于国际需求不振，另一方面与钢铁产品频繁遭遇国际贸易摩擦密切相关③。

以纺织业为例。虽然，2009 年中国纺织业出口同比增速放缓，但是，纺

---

① 江苏 2009 年贸易摩擦涉案翻番，商务部网站，http://sousuo.mofcom.gov.cn/query/querySearch.jsp###

② 华夏时报，美国商务部计算错误 中国油井管企业买单，转引自和讯网：http://news.hexun.com/2010-01-16/122378608.html

③ 江苏产业损害预警 2009 年度报告，中国产业安全指南江苏子站，http://jiangsu.acs.gov.cn/sites/jiangsu

织品面临的贸易摩擦却呈上升和"全球化"趋势。当年，印度、美国、阿根廷、埃及、巴西、秘鲁、欧盟、多米尼加、南非、土耳其和印度尼西亚 11 个国家对中国产纺织产品发起 19 起贸易救济调查，同比增加 8 起，涉及江苏省众多出口企业。其中，美国对中国产织边窄幅织带启动的反倾销和反补贴调查，是中国纺织行业遭遇的首起双反调查。该案涉及江苏 19 家企业，涉案金额 155 万美元。再以聚酯短纤织物为例，2008 年巴基斯坦发起首例反倾销调查案件以来，2009 年南非、印尼纷纷效仿，江苏省企业对其涉案金额分别为 528 万美元和 769 万美元，分别占全国涉案金额的 76% 和 63%，对江苏聚酯短纤企业出口产生较大的负面冲击①。

三、贸易摩擦对新兴产业出口的冲击

随着中国新兴产业市场竞争力的提升，国际贸易摩擦也从传统产业向信息技术、新能源等新兴产业延伸。在新能源、新材料和信息计算技术等新兴产业领域，中国与美欧日技术趋于接近，战略定位相似，竞争趋于激烈，导致围绕新兴产业的贸易摩擦越来越多。作为信息技术、新能源重要出口省区，江苏省新兴产业发展也面临贸易摩擦的巨大挑战。

以新能源为例。近年，中国产品凭借高性价比国际竞争力不断提升，成为美欧日新能源战略的主要竞争对手之一。美欧日利用贸易摩擦来削弱中国企业竞争优势的案例频发，对江苏省新能源产品出口造成了较大负面冲击。例如，2010 年，美国出台了"空运锂电池要按照危险品运输，取消其豁免条款"提案，对锂电池包装运输提出了多项规定。该规定增加了锂电池生产企业包装、检测、运费、定型、培训等环节的费用，对苏州 NEC 东金电子（吴江）有限公司、顺达电子科技（苏州）有限公司和 SK 新能源（苏州）有限公司等企业的出口造成了压力。

2009 年 9 月，德国光伏产业联盟对中国产太阳能电池向欧盟提起反倾销立案调查。2010 年 10 月美国启动对华清洁能源有关政策和措施的"301 调查"。2009 年，江苏省光伏太阳能出口额为 58 亿美元左右，占产能的 90%。欧美是光伏太阳能的主要出口地。如果对占产能较大比重的欧美市场出口回落将造成国内市场供给过剩。

① 江苏纺织业成贸易摩擦重灾区，中国贸易金融网，http：//www.sinotf.com/GB/Industry/1319/2009－09－08/wMMDAwMDAzNjkwMA.html

再例如信息技术产业。欧盟竟然对中国数据卡产品采取反倾销、反补贴和保障措施"三案调查"，其中涉及江苏出口约 12 亿美元左右，相关企业 100 多家。此外，江苏省技术性贸易摩擦涉案金额突出，成为威胁高端产业发展的重要因素。2009 年"江苏省在受国外技术性贸易措施影响较大的省份中排名第四，直接损失金额约为 75.75 亿美元，占全国 13.19%"①。而且单案涉案企业数量和金额庞大，例如，2010 年美国对中国产多媒体教学协调系统产品专利案发起"337 调查"，江苏 41 家企业涉案，出口金额高达约 2 亿美元。

四、贸易摩擦对出口冲击程度的估计

科学合理估计贸易摩擦措施对某一产业的损害程度，是一件比较困难的事，目前尚没有公认的模型。这也是引致贸易摩擦的重要原因之一。但是，通过对受贸易摩擦影响产品和未受贸易摩擦影响产品的出口比较，贸易摩擦对出口冲击的程度将得到较清晰的展现。

以铜版纸为例，2006 年美国对中国产铜版纸进行反倾销和反补贴调查，开启对"非市场经济国家"征收反补贴税的先例。2009 年 9 月，美国商务部做出终裁，征收 17.64% 至 178.03% 的反补贴税及 7.6% 至 135.83% 的反倾销税。在美国采取"双反措施"后，欧盟出于对进口转移的担忧，也对原产于中国的高档书籍、杂志和商品目录的铜版纸进行反倾销和反补贴调查。作为全国铜版纸主要出口地之一②，2010 年 1~5 月，江苏口岸铜版纸出口国家地区之间增速出现了明显的不均衡。受贸易摩擦影响的欧美，江苏省对其出口增速呈回落态势，特别是对美国的出口增速降幅高达 59.8%。形成鲜明对比的是，江苏口岸出口亚洲、东盟的增速快速提升，分别增长 15.5%、42.8%（见表4.3）。

---

① 逾三成出口企业遭遇国外技术壁垒，中国产业安全指南网，http：//www.acs.gov.cn/sites/aq-zn/aqjxnr.jsp? contentId=2554138025007

② 例如，金东纸业（江苏镇江）有限公司生产高档铜版纸、特级铜版纸、双面铜版纸、单面铜版纸、亚光铜版纸、商业高速轮转专用纸等，是世界单厂规模最大的铜版纸生产企业。

表4.3 2010年1～5月江苏口岸铜版纸出口增速地区比较

美国		欧盟		东盟		亚洲			
								其中：日本	
数量（万吨）	增速（%）	数量（万吨）	增速（%）	数量（万吨）	增速（%）	数量（万吨）	增速（%）	数量（万吨）	增速（%）
2.8	−59.8	8.2	−1.5	4.5	42.8	24.8	15.5	8.8	15.3

根据以下资料：整理南京海关，1～5月江苏口岸铜版纸出口量稳价增 美国"双反"裁定影响已显现，http：//www.customs.gov.cn/tabid/509/ctl/InfoDetail/InfoID/228222/mid/75581/Default.aspx？ContainerSrc＝%5B

以江苏常宝钢管股份有限公司（以下简称常宝股份）出口美国不同产品的增速变动为例，2009年美国对中国产石油钢管进行反倾销和反补贴调查。受贸易摩擦调查效应影响，2009年常宝股份出口美国石油钢管的数量和销售毛利同比都大幅下滑（见表2）①。同年美国商务部对从中国进口的无缝钢管和压力钢管发起双反调查。但是，不包括常宝股份的管锅炉管和机械管。同样是出口美国，同一时期常宝股份出口美国的管线管的销量不但没有下滑，反而呈上升态势（见表4.4）。比较常宝股份出口美国石油钢管的量价下滑和管线管出口美国的上升，贸易摩擦措施对出口的影响可以略窥一斑。前者被课以重税，而后者并不在调查范围之列，导致结果形成鲜明对比。

表4.4 2009年常宝股份出口美国的油井管和管线管比较

吨	销量		销售收入		销售毛利	
	同比增长	万元	同比增长	万元	同比增长	万元
油井管	29120.17	−70.74%	30660.08	−67.22%	10633.67	−40.64%
管线管	70.84	45.88%	108.35	280.44%	77.38	1114.76%

资料来源：根据"江苏常宝钢管股份有限公司招股说明书"整理

五、贸易摩擦对经济增长的间接损害

贸易摩擦对产业的影响存在积极和消极两个方面。理论实务工作者更多关

① 2010年1月，美国商务部终裁常宝股份石油钢管（OCTG）补贴税率为12.46%。4月9日，终裁倾销常宝股份倾销税率为99.14%。两税合计为111.60%。预计终裁后，该产品将无法大量出口到美国。2010年出口金额还在下滑。

注贸易摩擦的负效应。从影响的范围看，贸易摩擦的负效应包括对出口的直接影响和对国内产业链的关联效应。其中对于出口的直接影响，又可划分为贸易破坏效应、贸易转向效应、贸易偏转效应、贸易抑制效应等四种效应。从贸易摩擦的影响期来看，贸易摩擦效应又可划分为指控效应、调查效应、中止效应和撤诉效应等四种效应。从后果来看，负效应包括对竞争力、产出、就业、国际收支等的直接影响，也包括对产业结构等国家战略的影响。

表 4.5　贸易摩擦效应分类归纳

项目	方向	负效应范围	负效应后果	影响期
内容	积极效应 消极效应	直接效应：贸易破坏效应、贸易转向效应、贸易偏转效应、贸易抑制效应；间接效应：国内产业链的关联效应	宏观变量效应：对产出、就业、国际收支等的直接影响；战略产业效应：对产业结构等国家战略的影响	指控效应 调查效应 中止效应 撤诉效应

资料来源：根据上文整理

以轮胎特保案为例。国际知名轮胎企业普利斯通、横滨、住友、固铂、锦湖、韩泰、正新、建大、南港、华丰等都在江苏投资建厂。江苏省轮胎出口量位居全国第二位，约占全国出口轮胎总量的四分之一。美国《FMVSS139 轮胎测试标准》和欧盟 REACH 法令的正式实施，已经提高了轮胎生产企业的生产成本和检测费用。2009 年，美国决定对中国出口美国乘用车与轻型卡车轮胎实施为期三年的惩罚性关税。美国轮胎特保案的示范效应引发了其他国家地区的效仿，产生了贸易摩擦"全球化效应"。截止 2010 年 1 月末，自美国"特保案"后，向中国轮胎出口企业提出反倾销、反补贴调查的国家多达 10 余个。各种冲击叠加，江苏省轮胎高性价比的国际市场竞争优势受到较大影响。2009 年 9 月以来，江苏口岸轮胎出口，特别是对美国轮胎出口下降趋势明显。

贸易摩擦不仅对轮胎出口产生了明显的破坏效应，也对江苏经济发展产生了间接的负面影响。为了应对特保案，江苏省轮胎出口企业普遍采取了两种措施应对。一方面减少本地轮胎产能，向不在特保案涉及范围的中国台湾、越南、泰国等地区转移订单，规避市场占有率下降的风险。另一方面着力开拓国内轮胎市场，以内销补外销，确保生产稳定。

对于第一种方案，金融危机时期，轮胎产能普遍过剩，跨国公司把订单转移到国外生产工厂，并不是一件费时费力的举措。通过转移生产地，企业可以回避贸易摩擦风险。但是，贸易偏转效应却会引致江苏省投资、出口和就业的下降，造成产业损害和国际收支逆转。而且，内资企业普遍没有现成的生产基地，短期内无法通过全球生产地分散风险，将面临比跨国公司更大的挑战。

对于第二种方案，由于对美国出口占产能比率高，短时间内国内并不具备消化出口转内销数量的可能性，会导致全行业产能过剩。后一种措施可能会加剧国内竞争，降低行业投资回报率，影响了投资的积极性。倘若国内汽车市场需求增速趋缓，国内市场轮胎需求也将下滑，产业链上游的橡胶、炭黑、焦油以至焦化等产业也将受到损害。

六、贸易摩擦对江苏产业损害的预期

相对于约 2000 亿美元的出口总额，江苏省贸易摩擦涉案金额和企业数量并没有达到生存攸关的地步。而且，受跨国公司出口和加工贸易占比较高等结构因素的影响，即使贸易摩擦案件发生，其后果对企业的影响相对较小。受此影响，江苏省也不乏企业"不把贸易摩擦当事"，甚至还有企业乃"不知贸易摩擦其事"。多数企业也认为本地行业协会和贸易预警体系的作用非常有限。但是，并不能因此而忽视贸易摩擦对出口的影响。

第一，近期全球仍将处于贸易摩擦高发期。贸易摩擦和国际经济周期、经济形势的变化呈反向变化走势。2010 年世界经济出现复苏势头，但是，并没有出现熊彼特所谓的"冲击性创新"，现有的新兴产业还没有成为带动全球经济复苏的主导产业。主要发达国家经济仍旧反复波动，特别是失业率居高不下。在市场萎缩、产能过剩和失业率居高的情况下，抑制进口，优先解决国内就业、产业竞争力的宏观经济政策就不会收敛。预计未来贸易摩擦数量金额仍将保持现有趋势，贸易摩擦领域也将继续延伸。

第二，贸易摩擦领域延伸和形式的升级，将使贸易摩擦对出口的影响趋于严重。随着中国产业升级，中国出口产品和发达国家的产品结构会趋于重叠，无论是在发达国家国内市场还是在国际市场，相互之间的竞争会更加激烈，利益冲突会更加激化，贸易摩擦也会更加复杂。贸易摩擦的起因也将由调节国际收支和增加就业率向提升战略产业国际竞争力发展。从贸易摩擦形式来看，预期随着反补贴、"337 调查"、碳关税等"杀伤面广"、"杀伤力大"的摩擦形式的流行，以及贸易摩擦"全球化"趋势的发展，贸易摩擦对江苏省未来出口的影响不可小视。

第三，应对贸易摩擦面临严峻的挑战。面对贸易摩擦，企业典型的对策是：①采取出口多元化策略，开辟新的市场，填补指控国市场的缩减；②产品升级，生产新型号的同类产品，规避现有贸易摩擦的制裁；③把生产能力转移到贸易摩擦制裁范围之外的国家；④采取内销替代外销的市场策略；⑤由享受低惩罚税率的国内企业代理出口。对江苏省出口企业的调查结果显示，跨国公司由于其在全球拥有完善发达的生产和营销渠道体系，较容易实施第一、第三策略。但是，这样的选择会造成江苏省外商投资和出口的下滑。而对于内资企业，特别是中小企业，如果受到主要出口国贸易摩擦措施制裁，上述5个策略的实施都存在很大难度。

七、应对贸易摩擦的态度与对策

（一）树立正确的态度

按照比较优势理论，只要遵循"两害相权取其轻，两利相权取其重"的原则，积极参与国际分工，贸易双方都会增进本国福利。但是，从国家利益和社会福利的视角分析，保护贸易理论也一样富有理性。例如，"保护幼稚工业"理论、"超贸易保护理论"和"国际竞争优势论"等虽不如比较优势理论广为大众所熟知，但是一样影响久远。美国宇航制造业和日本半导体工业的发展的历史也是很好的事实论据。

实现经济均衡、保护产业安全是贸易摩擦制造方采取贸易保护措施的根本理由。这一理由决定了贸易摩擦的长期性和复杂性。大力实施"科技兴贸"、"以质取胜"和"出口品牌"是国家全球化战略的重要内容，并被认为能够消除贸易摩擦。但事实是国外对中国高技术产品发起的贸易摩擦措施，不仅涉案产品越来越多，而且是"不达目的誓不罢休"。如欧盟对中国产数据卡从反倾销、保障措施调查，到追加反补贴调查，演化为"三案调查"。美国居然能以计算错误为由，修改初裁结果，将原产于中国的油井管的反倾销税率由36.53%提升至96.51%。更为过分的是，2010年上半年美国对中国发起的12起"337调查"，其中6起干脆将中国作为原产地调查国。由于中国企业没有列入被告，无法参加案件的审理，只能被动坐等结果。

同样，自由贸易区、出口市场多元化和对外直接投资都具有重要的战略意义，也分别寄予了规避贸易摩擦的重任。但是，实际效果也受到了众多条件的约束。例如，2010年中国—东盟自由贸易区的建成以来，双边贸易大幅增长。但是比较优势要素共同造就了纺织服装、家电、鞋、机电产品等出口产品的同质化。即使上半年江苏对东盟贸易逆差达 34.2 亿美元。江苏海关还是警示，"同质化产品等方面表现将更为明显，双边贸易摩擦常态化风险亟需防范"①。关于对外投资，尽管企业"走出去"利用国内外两个市场具有积极意义，但是国内的实际也证明，对外投资不应忽视"走出去"面临的"投资壁垒"和企业进行跨国经营管理的风险。而且对外投资的主要动机，并不仅仅是规避贸易摩擦，还需考虑国际收支、就业率、产业结构等更重要的宏观经济变量的变化。

（二）应对贸易摩擦战术和技能的提升

预期未来，江苏省遭遇贸易摩擦的数额大、形式多、领域广和全球化的趋势仍将继续延续。当前，"四体联动"各方应以"平常心"积极应对贸易摩擦，并不存在一蹴而就，或以不变应万变的对策。这需要江苏省地方政府部门、行业协会/商会、企业和中介组织尽快提升应对贸易摩擦类的技能，做到"眼高手巧"。

第一，随着反补贴、绿色关税、安全标准、卫生标准贸易摩擦案件的增多，以及碳关税的临近，涉及产业政策和经济制度领域贸易摩擦的增加。贸易摩擦的争执点也从单个产品向整个产业、国家产业政策和经济制度宏观层面扩散。面对贸易摩擦呈直接针对政府的发展趋势，地方政府对贸易摩擦不应局限于"桥梁"作用，特别是对于江苏省这样对外经济高度发达的地区应具有更强的主动性和创新性。江苏省商务厅和贸易发达地市商务局要建立和完善贸易摩擦和产业损害补充预警监测机制；优化外贸扶持政策，避免不符合 WTO 规则的补贴；规范对出口价格的监管，提高社会服务水平，缩减国内外价差。

第二，企业是从事贸易活动的主体，理应成为应对贸易摩擦的中坚力量。提升企业应对贸易摩擦之策，既需考虑技术创新、产品创新、品牌建设等战略方案，也需关注企业应对贸易摩擦技术本身能力的提升。关于是否应诉，"面对壁垒，只有积极应诉才有出路"并不总是企业决策的最优选择，但是企业还是应按照国际惯例生产经营，健全管理制度，不授人以柄；争取机会，创造条件，发挥应诉主体的主动性，积极应诉。

第三，江苏省常宝股份、金州集团、玉龙钢管等案例显示，对于企业，应

---

① 新华网江苏频道，http://www.js.xinhuanet.com/xin_ wen_ zhong_ xin/2010 – 07/31/content_ 20496053.htm

诉和应诉成功也可能是一种得不偿失的胜利。应诉与否是企业战略、利润等目标驱动下的决策行为。调查结果表明协会/商会功能缺失是当前企业应诉率低、胜诉率低的重要原因。提高企业应诉成功率，降低应诉成本，江苏省应健全行业协会，改变行业协会"散"、"小"的现状，扩大行业协会的影响，不断提升自身的权威性；变应对贸易摩擦的"传话筒"为组织者和协调者，变"拉拉队"为"运动员"。行业协会还应走出国门，加强同进口国进口商、行业协会（商会）等共同利益群体的沟通和游说工作。

第四，应对贸易摩擦工作是一个新的领域，需要很强的专业性和技术性知识和技能。江苏牛塘化工、盐城捷康、江苏圣奥南通和医药保健公司的实践都表明，国际贸易摩擦争端处理需要贸易、法律、会计、英语等专业知识，经验对应诉、申诉的成功具有关键作用，因而需要江苏省增加专业人才引进，加大培养力度，提升中介专业实力。

第三节　贸易摩擦的经济动机与对策

有效应对贸易摩擦，规避产业损害风险，对于稳出口具有重要意义。应对贸易摩擦还需探究贸易摩擦的动机及其特点。贸易摩擦的经济动机在于改善国际收支、降低国内失业率、维护产业安全和提升战略产业竞争力等。因此，技术进步、产业优化、出口市场多元化和对外投资的主要目的并非针对贸易摩擦之动机，这些策略的效果并不如多数人预期的显著。贸易摩擦之动机注定了有贸易就会有摩擦，当前应对贸易摩擦最优的策略是"就贸易摩擦论贸易摩擦"，由政府部门、企业、行业协会、中介机构等"四体联动"，各方共同努力提升应对贸易摩擦的专业技能，不宜避实就虚。

一、贸易摩擦的动机及其趋势

（一）贸易摩擦动机的理论解释

国际贸易的历史表明，有贸易就会有摩擦。例如，美日欧之间也经历过很长时间的贸易摩擦，而且仍将继续。在理论上，保护贸易是贸易摩擦的主要起源，而"自由贸易与保护贸易之争由来已久，并且始终不曾停止过。[①]"就本

---

① 厉以宁：《开放经济与世界经济序》，北京大学出版社 1991 年版，第 9 页。

质而言，自由贸易和保护贸易并没有褒贬之分。自由贸易是一种从全球角度寻求福利最大化的经济主张。在一定条件下，可以实现"全球红利"。其中李嘉图的比较优势被称为经济学理论的选美冠军。按照比较优势理论，只要遵循"两害相权取其轻，两利相权取其重"的原则，积极参与国际分工，贸易双方都会增进本国福利。2003 至 2007 年金融危机前，全球经济低通胀、高增长"黄金五年"的持续增长，就被认为是很好的证明。保护贸易则是着眼于本国国家利益和社会福利的一种政策安排。在一定条件下，亦有助于实现经济均衡，甚至提升国家产业竞争力。例如，弗里德里希·李斯特提出的"保护幼稚工业"理论、凯恩斯主义的"超贸易保护理论"和迈克尔·波特的"国际竞争优势论"等一样立论充分、富有理性。美国飞机制造业和日本重化工业、半导体工业发展的历史便是事实论据。

从世界贸易的历史来看，现实的政策多是绝对自由贸易和绝对保护贸易之间的中间选择。在理论上，贸易主义只有主流与非主流之分。贸易保护主义主张通过关税和各种非关税壁垒政策，限制进口，以保护国内产业免受外国商品竞争，纠正贸易逆差，实现经济总量和结构内外均衡。或主张实施国家战略，提升本国战略产业的国际竞争力。以上贸易保护主义主张往往成为贸易摩擦发起的动机。

（二）从动机看贸易摩擦发展趋势

根据以上理论，贸易摩擦和国际经济形势呈逆周期发展趋势。金融危机以来，在全球贸易总量和内需缩减的背景下，管理贸易主义和战略贸易主义呈抬头趋势，取代自由贸易主义成为主流。例如，2010 年 7 月 1 日，欧盟同时发布了对中国数据卡的反倾销和保障措施调查公告。凤凰财经网站就"双调查"进行了一次网络调查。截止 7 月 31 日，共有 1689 人参加了调查，调查结果显示，欧盟对中国进行双调查的原因，排名最高的是保护欧盟本土产业利益，占 37.1%。其次为遏制中国的崛起，为 25.2%（见表 4.6）。

表4.6 欧盟对中国WWAN进行反倾销和保障措施调查动机、对策的调查

问题	人数（人）	占比（%）
1. 欧盟挑起贸易摩擦的动机是什么？		
保护欧盟本土产业利益	627	37.1
拯救自身经济内衰	375	22.2
借此为政府做开脱	201	11.9
遏制中国的崛起	426	25.2
其他	60	3.6
2. 贸易保护主义的最大受害者将是？		
发达国家	165	9.8
发展中国家	1368	81.0
不清楚	156	8.2
3. 中国该如何应对欧盟贸易制裁？		
也对欧盟发动反倾销	996	59
向WTO申请公正裁决	228	13.5
与欧盟合作寻求互利共赢	351	20.8
不关心	114	6.7

资料来源：凤凰财经网，http://finance.ifeng.com/news/special/zhongoumaoyi/

当前，以上贸易摩擦产生的动机将长期存在。第一，经济学的常识是经济变量的均衡是偶然，不均衡才是常态。国家间的国际贸易也不例外。而当总量不均衡，或者结构不均衡达到一定量的界限时，就将产生贸易摩擦。第二，在当代，信息传递和人类学习能力大幅提升，全球贸易产品趋于同质化，结果是国家之间产品替代性和竞争性增强，更容易引发贸易摩擦。第三、在科技创新加速和全球竞争模式重构的背景下，主导产业、支柱产业、新兴产业、战略产业的内容不断丰富，为了保持国家的持续战略竞争力，贸易政策和产业政策的关系，以及经济均衡和竞争策略的关系变得非常紧密。扶持本国产业发展，遏制国外竞争对手产业发展也成为了贸易摩擦的重要内容。

二、应对贸易摩擦的策略选择

为了规避贸易摩擦对出口和相关产业的损害，社会各界提出了多种主张。其中，部分观点是国家全球化战略的重要内容，在一定条件下，或许对应对贸易摩擦具有积极意义。但是，从贸易摩擦发起的动机来看，部分观点尚需商榷，并非直接有效，更不是解决贸易摩擦问题的根本对策。

（一）市场多元化：全球化战略的必然选择，但应对贸易摩擦效果有限

出口市场"多元化"和自由贸易区是国际贸易的战略选择，被认为有利于消除贸易和投资壁垒。在逻辑上，市场多元化有助于转移因贸易摩擦而剩余的生产能力。从积极的角度讲，事前积极实施出口市场多元化可以规避出现产品在某一市场过度集中，减少贸易摩擦发生的可能性。但是，理论和事实都证明这一策略的实施存在诸多挑战。

第一，这一结论忽略了贸易摩擦发生的动机：产业安全和国际收支均衡。为了转移因贸易摩擦而剩余的生产能力，会造成新目标市场的竞争日益激烈。出于对国内产业受损和国际收支失衡的担忧，不排除这些新的出口目标国家和地区，也对中国的产品进一步设置贸易障碍。产品方面，以铜版纸为例，在美国采取"双反措施"后，2009年欧盟出于对进口转移的担忧，也对原产中国的铜版纸发起了反倾销和反补贴调查。摩擦类型方面，以反倾销为例，开始对中国提出反倾销指控的国家和地区只有美、欧等少数几个发达国家。如今有40多个国家和地区曾对中国发起反倾销调查，呈现"全球化"发展趋势。

第二，就替代程度和可能性而言，欧美等发达国家和新的出口目标国家和地区之间，在产品质量、结构和数量需求方面存在悬差异殊，可能造成无法替代或替代数量微小等结果，即并不存在完全替代的可能性。而且，戴翔（2011）则研究了出口市场选择与贸易转型升级的关系，证明并不存在要素禀赋和重叠需求理论预期，而是以发达市场为出口市场更有利于出口贸易转型升级。

第三，不应忽略进入新市场的难度。以江苏常宝股份为例，在输油管遭受美国反倾销和反补贴制裁之后，企业拟积极将市场转向中东和非洲。但是，宝钢钢管厂、中油天宝钢管、中海油金洲管道等企业已经进入中东和非洲市场多年。常宝股份进入新的市场，无疑会面临来自这些国内企业的竞争。此外，美孚等几大石油巨头是中东和非洲的石油市场的实际掌控者，而常宝股份又是这些巨头在美国市场的供应商。常宝股份开发中东和非洲市场将会同这些巨头产生业务竞争，影响原有的合作。

第四，从交易成本而言，受新市场基础设施落后、规模经济、新客户开发和制度不完善等因素的影响，由此增加的交易费用和风险并不一定就低于贸易

摩擦措施增加的成本费用。

（二）技术提升和品牌培育：国际竞争力提升的重要途径，但并非弱化贸易摩擦动机的直接策略

由于产能过剩、产品科技含量低和自主品牌缺乏，国内出口企业间很易发生恶性价格竞争。为此，国外常常以此为借口对中国出口产品采取反补贴、反倾销等贸易摩擦措施。当前有一种流行的观点就认为，"科技兴贸"、"以质取胜"和"出口品牌"战略能够优化产品结构和出口结构，消除贸易摩擦。事实却是，实现经济均衡和提升战略产业市场竞争力是贸易摩擦产生的主要动机。技术创新能和品牌资产提升够增加产品附加值，但是，并不是弱化贸易摩擦产生动机的直接因素。当不断升级的"中国制造"进入国际市场时，将在高新技术行业与发达国家（或地区）的产品在其国内和国际市场上展开竞争。竞争国就可能导致竞争国家和地区以各种名义对中国高科技产品实施贸易摩擦措施。

当纺织服装和钢铁等传统出口行业实现产业内升级时，就遭遇了比以往更加频繁的贸易摩擦措施。佘群芝（2007）对中美之间服装、纺织品贸易问题的研究也表明，"当中美两国纺织品与服装贸易存在产品定位的互补时，不构成对美国产业的威胁，即使逆差扩大，两国贸易仍旧良性循环。而当中国改变低端定位，出口领域向高端纺织品与服装产品迈进时，中美产品就会在高端产品狭路相逢，利益冲突不可避免。[①]"再例如，技术含量较高的油井管和无缝钢就遭受了截止该案发生为止美国最大金额的对华贸易制裁。而且更为滑稽的是，在历时 8 个多月贸易救济调查之后，美国商务部却以计算错误为由，决定修改对原产于中国的油井管的反倾销税率由初裁的 36.53% 提升至 96.51%。

随着产业内升级和出口产品技术含量的不断增加，中国信息技术和新能源等信息技术国际竞争力逐步提升，却遭遇了更加苛刻的贸易壁垒措施。相比纺织、资源产品出口时代，贸易壁垒形式更多，税率更高。这一趋势，在美国"337 调查"案件中彰显无疑。随着产业升级美国对中国产品进行"337 调查"的产品结构不断升级。1998 年以前，受调查的产品主要是轻工产品。1998 年之后，则涉及"电子、轻工、机械、化工、汽车、冶金、建材、医药等"，且

---

① 佘群英，中美纺织品与服装贸易问题探析，论文集：全球经济失衡与美国经贸关系，上海社会科学出版社，2007，第 184～193 页。

结构不断升级，"计算机软件、半导体集成电路"等产品成为美国涉华"337调查"的主打产品。例如，2010年7月，美国对中国发起"337调查"6起，涉案产品为"带有图像处理系统的电子装置及其相关软件、地下电缆及管道定位器、协同系统产品、喷墨打印机墨盒、墨盒及其同类产品以及合成橡胶制品"①，全部为信息技术产品。

个案方面，例如，2010年6月，欧盟不顾对欧洲广大消费者福利的损害，对中国数据卡发起反倾销及保障措施调查。9月又开展反补贴调查，成为"三案调查"。涉案金额约41亿美元，是迄今为止欧盟对中国发起的最大的贸易救济案件。而真实的理由或是，中国产品由于技术、成本优势给比利时Option一家公司带来较大冲击。同样，2009年9月，德国光伏产业联盟对中国产太阳能电池向欧盟提起反倾销立案调查。2010年10月美国启动对华清洁能源有关政策和措施的"301调查"。

反之，当我国限制低价、低附加值和高能耗的产品出口时，发达国家一样会发起贸易摩擦。正反事实一再表明，贸易摩擦和产品的技术含量并不存在负线性关系。贸易摩擦的发生有其客观性，缓解贸易摩擦关键不在于技术。贸易摩擦的数量规模和出口产品，与发起国国际收支和产业安全的负面影响程度有着密切关系。技术的作用只能是间接的，并不能弱化贸易摩擦产生的动机。

（三）对外直接投资：受可能性和影响变量冲突制约，应对贸易摩擦和规避产业损害存在众多不确定性

从吸引外资到鼓励本土企业"走出去"对外投资，是中国开放经济的重要战略内容。"走出去"也助于两个市场、国内外资源的利用，是实现国家化战略发展需要。同时也被认为，"走出去"有助于主动规避贸易摩擦，以及通过贸易均衡弱化国外进口国实施贸易摩擦的动机。

从减少产业损害和保持企业利润的角度，经济学理论和实践证明（例如20世纪80年代的日本，通过加强海外投资应对美国贸易保护），对外直接投资在一定程度上具有对出口的替代作用，可以避开投资国的贸易保护措施，减少贸易差额，从而减少贸易保护主义发生。从短期看，根据蒙代尔的"贸易与投资替代模型"，在存在贸易摩擦的条件下，企业会通过资本要素流动，实现"关税引致投资"。从长期来看，根据巴格瓦蒂、蒂诺普洛斯"补偿投资模

---

① 根据商务部有关公告整理。

型"，通过在出口市场国直接进行生产和销售，还可以减小投资国和东道国之间的贸易差额，减小东道国对投资国实行贸易保护主义的可能性。对外直接投资可以化解"关税壁垒"或其他贸易保护。

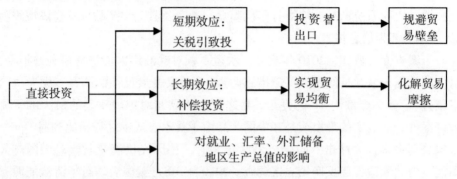

图4.2　直接投资抑制贸易摩擦的机理

　　关于中国现阶段对外直接投资的意义和可能性，国内也多有论述。例如，宋林飞（2009）认为实施走出去的战略，增加对外直接投资，是主动有效应对国际新贸易保护主义的对策之一①。马光明（2010）在把中国情况与20世纪80年代的日本进行比较后认为，两者具有多方面的相似性，指出"存在通过扩大对外直接投资应对贸易保护的可能性和必要性，是中国短期和中期内应对贸易保护主义的有效途径。②"不仅学界，对外开放度高地区的政府部门对外直接投资也给予了高度关注，认为"积极培养具有整合全球资源能力的、能走出去的企业和企业家"是进一步推进外贸平稳运行的主要内容。例如，江苏省统计局（2010）的报告就指出："江苏已经成为国际生产要素聚集较多的地区"、"培养具有整合全球资源能力的企业和企业家，'走出去'，在世界不同地方分散产品生产和设计过程，最大限度利用国外好的技术基础和成本结构，已经是当务之急。当江苏不再以要素优势而是以具有整合全球资源能力的企业去参与国际竞争之日，就是江苏对外贸易由大变强之时。"③

　　①　宋林飞．主动有效应对国际新贸易保护主义．新华日报．转引自：中工网．http://theory. workercn. cn/contentfile/2009/04/28/105722740441656. html
　　②　马光明．促进对外直接投资应对当前贸易保护主义—— 中国与20世纪80年代日本的比较研究．财贸经济．2010（6）
　　③　江苏省统计局．外贸形势有所好转 存在困难不容忽视．2010年8月，http://www. jssb. gov. cn/jstj/fxxx/tjfx/201006/t20100611_ 112791. htm

但是，在强调"走出去"积极意义的同时，也不应忽视"走出去"面临的"投资壁垒"、企业进行跨国经营管理的风险，和对外投资可能引发其他宏观目标变量的冲突。

第一，"走出去"也可能面临"投资壁垒"的考验。以中海油服和华为为例，2006年中海油服收购印尼Apexindo，印尼政府未批准。收购俄罗斯STU，俄罗斯政府未批准。2007年，华为携手贝恩资本计划收购3Com，但被美国政府叫停。2009年，华为计划收购北电网络的LG北电资产失败。2010年7月，华为对摩托罗拉移动网络基础设施部门的收购也未成功。这些并购失败，固然有其他方面的原因，但是，以"国家安全"、"中国威胁"为理由制造的各种"投资壁垒"，却是无处不在。

第二，"走出去"也面临跨国经营风险考验。例如，2004年TCL多媒体（TMT）并购法国汤姆逊公司彩电业务和法国阿尔卡特的移动电话业务。结果都未取得预期效果，成为企业沉重的负担。再例如，2004年上汽集团出资5亿美元控股韩国双龙汽车公司。最终的结局却是，韩国公司并未中国化，双龙最终破产，5年赔20多亿。此外，2008年11月，中国平安以约18.1亿欧元购买以富通集团总股本的4.18%。但是，市价最低时曾折价70%。

第三，上述对外投资对冲贸易摩擦的理论，属于局部均衡的观点。从一般均衡的角度看，直接投资还将对就业、汇率和外汇储备等经济变量产生影响。而这些变量才是宏观经济的最终目标。从宏观方面，对外投资有助于减缓贸易摩擦、人民币升值压力和外汇储备过量的压力。但是，随着"走出去"量的增加，也将对国内就业、生产总值等宏观指标产生负面影响，会出现"产业空心化"的风险。"产业空心化"同样也是产业损害的表现，即对外投资应对了贸易摩擦，却没有规避了产业损害。

（四）提升相关各方专业能力：就事论事，应对贸易摩擦的最优策略

发起贸易摩擦的动机，决定了未来针对中国贸易摩擦数额的增长趋势仍将继续延续，并不会因出口市场多元化、技术升级、对外投资等全球战略的实施而自发减少。因此，"四体联动"各方应以"平常心"积极应对贸易摩擦，并不以不变应万变的对策。各界应有的正确态度应是："贸易摩擦是国际贸易过程中的正常现象，一方面我们要以平常心对待，另一方面我们也要高度重视，积极应对。"有贸易就会有摩擦，就短期应对策略而言，还需"就贸易摩擦论应对贸易摩擦"，强调提升地方政府、企业、行业组织、中介服务机构应对贸

易摩擦的专业技能。

应对贸易摩擦的专业能力，包括政府扶持出口企业政策的优化和企业财务、审计、档案管理制度的健全等基础工作，也包括政府实施贸易救济措施和各界应诉能力提升等多个方面。其中，博弈规则和国际经验均表明一国主动实施贸易调查和应对贸易壁垒的能力，对制约他国滥用贸易制裁具有较强的威慑作用。关于欧盟对中国数据卡进行双调查的对策，凤凰财经网的网络调查结果中排名最高的也是对欧盟发动反倾销，占 59%；其次为与欧盟合作寻求互利共赢，为 20.8%。江苏牛塘化工、盐城捷康、江苏圣奥和南通医药保健公司的胜诉都表明，应对贸易摩擦工作是一个新的领域，需要很强的专业性知识和经验。国际贸易摩擦争端处理需要贸易、法律、会计、英语等专业知识，经验对应诉、申诉的成功具有关键作用。

但是，国内贸易摩擦相关各方不乏"不把贸易摩擦当事"者，甚至"不知贸易摩擦其事"者。多数企业也认为本地行业协会和贸易预警体系的作用非常有限。

以国内贸易摩擦相关各方应诉能力为例。从政府层面讲，WTO 争端解决机构是维护国际贸易秩序的重要保障，是解决国际贸易摩擦和纠纷设置的裁判程序。政府是 WTO 争端解决中的主体。但是，当前中国还不能充分利用 WTO 争端解决机制，最大限度维护本国利益。1995 年至 2009 年 8 月 20 日，WTO 争端解决机构共受理 397 起争端案件。美国、欧盟和加拿大提起案件 93 起、81 起、32 起，而中国涉及其中的 83 起案件，主动提起争端案件的仅 5 起。再例如，在美国国际贸易法院判定美国商务部对兴茂轮胎有限公司非公路用轮胎"双反"措施不当一案中，中国商务部提出参与案件审理动议，但因时间超过了法院的规定期限，并且没有提供正当的延期理由，被美国国际贸易法院驳回，结果错失良机。

在行业协会和企业应诉能力层面，企业是从事贸易活动的主体，理应成为应对贸易摩擦的中坚力量。但是，对于企业，除了企业自身原因外，受制于贸易摩擦频繁、应诉成本高和败诉率高等外部原因，应诉和应诉成功也可能是一种得不偿失的胜利。其中，行业功能缺失和专业中介机构人才经验不足便是导致应诉成本高和胜诉率低的重要原因。例如，在欧盟发起对中国产数据卡反倾销调查一案中，该案涉案企业逾 1000 家，但是，中国机电出口商会却只能根据欧盟提出的控诉对象海关编码去联系企业。费时 1 个多月后，仅仅组织 20

家涉案召开应诉会议案。浪费了宝贵的应诉准备时间。最终只有中兴通讯、华为、仁宝参与应诉。而更多情形却是，地方行业协会对应诉贸易摩擦案件未能提供任何帮助，或仅仅是告知、提供信息，能够提供专业指导和积极对外沟通的非常罕见。例如，在金洲集团、天津双街钢管集团、潍坊东方钢管有限公司、江苏玉龙钢管股份有限公司应诉美国反倾销调查一案中，"中国五矿集团下属的进出口商会出面仅仅向 18 家涉案企业通报了美国商务部的立案调查事实及推荐了律师，之后就没有再出现过。[1]"

第四节　提升企业应对贸易摩擦的主动性

企业应以积极理性的态度对待贸易摩擦，其中，提升贸易主体——企业的应诉积极性是应对贸易摩擦关键的一环。但是，低应诉率、低胜诉率却是当前现状的主流。改变这一现状，不仅仅需要媒体的宣传引导，更需要各级政府、行业协会、中介服务机构和企业共同努力，通过提升"四体联动"机制的有效性，降低企业应诉成本，增加企业胜诉概率和利益获取能力。通过优化条件，使应诉、胜诉成为企业战略或经济利益最大化的方案，积极应诉贸易摩擦才会成为企业内在的选择。

一、低应诉率、低胜诉率的现状及危害

（一）低应诉率、低胜诉率现状

尽管，积极应对贸易摩擦的成功案例也频现于媒体，但国内现实的主流却是：低应诉率和低胜诉率。除了少数大型企业能够主动在战略上考虑规避贸易摩擦，在贸易摩擦发生之后能积极应对之外，多数出口企业，特别是中小企业并不主动积极，甚至对贸易摩擦危害的严重性，都没有清楚的认识。例如，欧盟发布对中国产数据卡进行反倾销调查一案，涉及企业逾千家，却仅有 20 家企业参与行业组织的应诉会议，而最终只有中兴通讯、华为、仁宝参与应诉。2009 年美国对中国无缝钢管发起"双反"调查案件，在 18 家涉案企业中，也仅有金洲集团、双街钢管、东方钢管和玉龙钢管四家企业应诉。

应对贸易摩擦，还面临低胜诉率的考验。以美国"337 调查"为例。1986

---

[1] "二重罪"：商会/行业协会的功能缺失，http://news.jc001.cn/detail/352946.html

~2008年间，在美国对中国发起的80起已结案的"337调查"案件中，13起以和解方式结案，占比16.3%；申诉方撤诉以及适用有限排除令的分别为8起，各占10%，其余均是败诉，占比约63.7%。而和解后，多数企业都将面临支付高昂专利使用费和其他费用的结局。

（二）低应诉率、低胜诉率的危害

低应诉率和低胜诉率对被起诉企业的出口产生了显著的影响，也对被起诉出口企业所在行业产生了较大的负面冲击。根据博弈论法则，低应诉率和低胜诉率又会强化国外起诉方的积极性和国内应诉方的消极性，造成国内出口企业低应诉率行为的恶性循环。

例如，2009年7月美国对中国纺织品发起首起"双反"调查，对原产自中国大陆的织边窄幅织带发起反倾销和反补贴调查。其中，反补贴调查中，应诉企业姚明织带成为国内唯一获得零关税的企业，而另一家没有应诉的调查企业则被征收118%的惩罚性关税。其余国内企业被征收59.48%的税收。对于国内相关出口企业，当关税税率高于30%以上时，企业出口美国市场就面临亏损结局。再以钢铁业为例。受制于国际需求萎缩和贸易摩擦频发，2009年中国钢材出口数量和金额分别同比大幅下降。例如，当年美国发起油井管双反调查一案，终裁反补贴税率为10.34%—15.28%，反倾销税率为29.94%—99.14%。两税合并后，对出口美国企业造成较大的损害。其中，江苏常宝股份出口美国油井管的销量和金额当年分别下降70.74%、67.22%。无锡西姆莱斯石油专用管制造公司就认为"当惩罚性关税正式生效后，我们五年内都不会向美国出口。①"

应诉缺席或败诉不仅对被起诉企业出口造成负面冲击，还会对相关产业造成损害。例如，"337调查"可以发布普遍排除令，禁止所有产品，甚至产业链上下游产品出口美国。再例如，在反倾销和反补贴案件中，若企业普遍均持"搭便车"的态度，应诉企业出口占美国进口总量较小，美国就可以以"代表性"不足，拒绝接受应诉。

作为博弈的双方，国外贸易摩擦发起企业和国内出口企业的行为倾向和各自一方的胜诉率有着密切关系。高胜诉率会增加国外企业发起贸易摩擦的动

---

① 华夏时报，美国商务部计算错误 中国油井管企业买单，转引自和讯网：http://news.hexun.com/2010－01－16/122378608.html

机，而降低国内企业应诉的积极性。应诉失败后，不仅费钱费力，有时还会招致国外更加严厉的惩罚。例如，常宝股份在应诉美国油井管倾销一案后，终裁税率反而由初裁的零税率变成最高的反倾销税率99.14%。所以，低胜诉率会使国内企业认为应诉是得不偿失的选择，进一步降低企业应诉的积极性，形成恶性循环。

二、低应诉率、低胜诉率的成因

一种流行的观点将造成低应诉率的原因归结为企业对贸易摩擦的危害不够重视。事实上，利用成本——收益法判断，低应诉率是作为经济人企业的理智选择。在现有条件下，从企业战略利益和短期经济利益角度衡量，应诉（甚至胜诉）并不总是企业决策的最优选择，对于中小出口企业更是如此。

（一）企业自身因素对应诉成本、收益的影响

第一，出口企业"理"、"据"不足对应诉的影响。例如，由于产品雷同和价格监督机制功能缺失，国内出口企业经常采取恶性竞争方式，往往授人以柄，成为国外发起反倾销贸易救济调查的理由。再例如，国外建立了包括安全标准、包装标识、社会责任、环境标志等名目繁多的技术壁垒和严格的绿色检验标准，而国内相关标准规范的制定和落实都明显落后于发达国家，也成为国内企业频繁遭遇贸易摩擦的重要原因。

应诉贸易摩擦不仅要"有理"，还需"有凭有据"，才能以事实服人。应诉贸易摩擦调查，所需调查材料既"快"又"细"，有时还会面对实地考察。贸易摩擦发起国往往要求涉案企业于立案后较短的规定时间内提交一大堆调查问卷。中间还要翻译、提交律师，最后交国外调查机构。否则就可能以不合作为由，被判定最高档惩罚性税率。而且，为了应对调查，出口企业需要提供完整的财务报表、订单、装箱单、出厂单、提单、报关单，甚至信函来往。调研内容甚至详细具体到某一单原材料的采购合同，某一工人的工资清单等。这些材料不能有任何的失误，否则可能满盘皆输。有时问卷调查与实地调查还会齐头并进，应诉企业将面临大量的工作。

但是，国内涉案企业，特别是内资中小企业，由于内部管理不规范，研发、试验、采购、生产、销售、库存、工资台帐和审计文件不健全，导致"有理无据"现象非常普遍。或因应诉经验不足，无法按时准备"又多又细"的应诉材料，也成为企业"知难而退"、低应诉率、低胜诉率的重要原因。

第二，企业"危机公关"和"事件营销"能力不足，直接决定了企业应

诉收益的水平。例如，江苏省常州牛塘化工、盐城捷康、江苏圣奥和南通医保公司等在贸易摩擦案件胜诉后，产生了明显的"危机公关"和"事件营销"效应，提高了企业的知名度和客户信赖程度，还将大幅提高企业的销售数额。事实上，多数企业并不如此幸运。如上文"337调查"统计数据所述，更多经验表明，国内应诉不是以胜诉结束（包括败诉、撤诉、和解等），低胜诉率是国内企业应诉结果的主体。而常宝股份、金州集团、玉龙钢管等企业的实践都表明：应诉不仅没有取得收益，反而因为应诉成为众矢之的，招致比初裁征收更高的税收。

即使应诉成功也可能是一种得不偿失的胜利。利用"贸易摩擦"事件，进行"危机公关"真正获取收益是建立在一定条件和企业市场运营能力之上的。贸易摩擦存在指控效应、调查效应、中止效应和撤诉效应。各种贸易摩擦措施在申请、调查、初裁、终裁阶段都会对被指控国出口产生影响。受此影响，只要一国出口产品受到进口国指控，或存在可能的指控，进口国经销商和客户就会考虑贸易摩擦对未来经营稳定性的影响。进口国经销商和客户往往会发生订单转移和退单现象，以避免因进口受限导致货源供给的不稳定和贸易纠纷可能造成的损害。国外竞争对手甚至可能利用媒体对贸易摩擦事件不公正的报道，甚至直接向经销商和下游客户发出警示，影响消费者和经销商对出口产品和企业的认知。从事后来看，Prusa（1996，1999）、Staiger（1994）等国外的实证研究的计量结论是：贸易摩擦措施的中止放弃、和解和甚至胜诉，都会对被指控国的出口产生不利影响。

（二）贸易摩擦发起方策略对国内企业应诉成本、收益的影响

根据博弈理论，国内企业应诉成本、收益也是国外贸易摩擦发起方能力的反应函数。贸易摩擦发起方的成本、收益、策略对国内企业应诉和胜诉具有突出的影响。为了增加国内企业的应诉成本，国外贸易发起方采取了多种贸易摩擦发起策略，且方式不断创新。

第一，指定中小出口企业（年出口涉案产品1000万美元以内）作为指定贸易摩擦应诉对象。目前，中小出口企业占国内贸易摩擦涉案企业的80%以上。但是，无论是反倾销、反补贴等贸易救济案件，还是"337案件的调查"和诉讼过程漫长而繁琐，而且耗资巨大，动辄就是数百万美元。对于中小企业，大概率的结果是官司没打完，企业却先破产了。而贸易摩擦却会对整个行业造成危害，具有极大的负外溢性。在这种情况之下，应诉与否成为企业两难

的选择。如果选择应诉，将面临高昂的应诉费用和复杂的应诉程序，中小企业胜诉的概率很低；而如果放弃应诉的机会，出口企业将面临国外市场占有率和利润下降的考验。面对艰难的选择，应诉往往并不是多数中小企业的最优选择方案。

第二，发起方利用地缘优势，在其所在国采取连环诉讼等方式，增加国内企业应诉成本和难度。以橡胶助剂巨头弗莱克斯对江苏圣奥连环专利诉讼案为例。①2005年1月，弗莱克斯在俄亥俄州地方法院指控圣奥，要求禁止圣奥涉案产品出口美国，并提出至少2000万美元的赔偿金。②不到一个月，弗莱克斯又向美国国际贸易委员会（以下简称"ITC"）提起对圣奥生产的橡胶防老剂进行"337调查"，申请采取永久有限排除令和禁制令。③2006年2月，历时一年有余后，ITC初裁圣奥侵权。7月ITC做出复裁，发布有限排除令，禁止圣奥涉案产品出口美国。④2007年12月，美国联邦巡回上诉法院判决圣奥并无侵权。但是，直到2008年6月，ITC才撤销有限排除令。⑤2008年弗莱克斯提起二次"337调查"。2009年2月ITC终止对圣奥"337调查"，弗莱克斯败诉。⑥但是，弗莱克斯又重新在俄亥俄州地方法院提起诉讼。

第三，贸易摩擦发起与应诉难易程度的不对称性往往导致国外企业恶意诉讼频发，国内企业低应诉率。随着贸易保护主义倾向的抬头，中国遭遇的贸易摩擦的形式种类也更趋多样化。而其中有些贸易摩擦形式对于发起方和应诉方的难易程度和造成后果则悬殊甚大。例如"337调查"，从立案角度看，"337调查"并不需要证明美国产业受到了损害，而只须证明进口产品有侵权事实即可，具有诉讼门槛低、立案时间比较快的特点。从费用看，"337调查"应诉费动辄几百万美元，如果出现连环指控，费用将更高。而且，即使胜诉，也无法要求原告承担任何赔偿责任。从后果看，制裁的对象是产品，制裁措施严厉、制裁期限长。其制裁措施包括：有限排斥令、普遍排斥令、临时性排斥令、禁令、查封和没收令等。一旦裁定普遍排斥令，就可以禁止任何侵权产品的进口，以及上下游相关产品的进口。

在浙江通领公司遭遇"337调查"一案中，该公司进入美国的6年间，美国莱伏顿公司、帕西西姆公司先后四次对其发起"337调查"。通领公司每一次胜诉之后，国外企业总会以其他专利条款为据继续上诉。2009年9月，ITC下达"有限排斥令"，将通领公司和另外四家公司排除在美国市场之外。2010年，通领公司向美国联邦法院起诉ITC，最终联邦法院撤销了ITC的错误判决。6年间通领公司支付了一千多万美元的应诉成本，耗费了大量时间成本和精力。虽然胜诉，但诉讼过程的损失却无人赔偿。

（三）"四体联动"机制低效对企业应诉成本、收益的影响

在总结实践经验基础上，中央政府部门（主要指商务部）、地方政府部门（主要指各地外经贸主管部门）、中介组织（行业组织和专业服务机构）构成的"四体联动"被认为是有效动员社会各方面力量应对贸易摩擦的有效机制。但是，当前政府部门和行业组织职能缺位，以及专业服务机构能力和经验不足都制约了"四体联动"机制有效性的发挥，对企业应诉成本、收益造成了不利影响，也成为企业低应诉率、低胜诉率的主要原因。

第一，博弈规则和国际经验均表明，一国政府实施贸易调查、措施的能力是影响国外企业发起贸易摩擦的主要因素。尽管当下关税壁垒受到了很大限制，但发达国家非关税壁垒形式花样百出、内容繁杂，其效果甚至比关税壁垒具有更大的"杀伤力"。

例如，2010年2月，美国通过了"空运锂电池要按照危险品运输，取消其豁免条款"提案。该法规繁琐了检验程序，延长了出货周期，提高了包装、检测、运费、定型、培训等环节费用，削弱了我国锂电池的市场竞争力。国外非关税壁垒的形式还包括"301条款"、"337调查"、各种环境和社会标准、卫生和检疫规定（SPS）等。其中，欧美日仅关于环境与资源保护的条约就有1800多个。欧盟制定的技术标准则高达10万多个。

而国内相关法规和标准体系的建设明显不够完善。从博弈角度讲，中国可用于实施贸易调查和措施制度依据的缺失，会减弱对国外发起贸易摩擦的威胁，增加对手博弈获胜的概率和收益额。例如，在缺少威胁的情况下，国外对手可以利用不同法案，对中国相同产品发起内容不同的连环贸易摩擦。也可以是不同国家对中国相同产品发起连环贸易摩擦。连环贸易摩擦使国内企业应对难度和成本大大增加，面临高度威胁，增大了出口企业放弃应诉的可能性。

此外，我国政府有关部门应用国际组织解决贸易摩擦经验的不足也产生了类似的效果。例如，从1995年至2009年8月20日，WTO争端解决机构共受理397起争端案件。其中，美国、欧盟和加拿大提起案件93起、81起、32起。而中国主动提起争端案件仅5起，为美国的5.4%。但是被诉案件则高达78起。

第二，国内贸易摩擦预警监测体系和快速反应机制作用不理想也增加了企

业应对的成本和难度，影响了企业应诉的积极性。在前期更多关注国外倾销对国内产业损害的基础上，目前商务部和部分省市都建立了不同层次的贸易摩擦预警监测体系和快速反应机制，并发挥了积极的作用。但是，距离能够有效应对当前贸易摩擦的要求还存在一定差距。特别是省市的贸易摩擦预警系统内容更新不及时，不具有前瞻性，多数只是对商务部有关信息的转载，缺少根据地区实际情况对具体案件的分析和指导。也缺少对数据的深度挖掘，没有对贸易发起企业和行业信息进行连续分析，以提供企业起诉和应诉所需的基础资料，为企业快速起诉和应诉提供便利和降低资料收集成本。从实际执行情况来看，多数企业也认为政府贸易预警监测机制和快速反应机制作用非常有限，甚至抱有微词。例如，在焊丝容器"337 调查"一案中，四川大西洋焊接材料股份有限公司负责人就曾对媒体表示，该公司并未在第一时间获悉诉讼消息，而是在8 天后才从上门谈业务的律师处得知公司成了"被告"，这在一定程度上耽误了企业准备应诉的时间。再例如，在美国国际贸易法院判定美国商务部对河北兴茂轮胎有限公司非公路用轮胎"双反"措施不当案件中，美国国际贸易法院以时间超过了规定期限为由，驳回了中国商务部曾提出的参与案件审理动议。

第三，就政府职能角度而言，也存在众多影响企业应诉率和胜诉率的因素面。以反倾销为例：①发起国以中国不具有"市场经济地位"为由，采取不合理的替代国（欧盟甚至以美国、台湾为替代国），导致中国出口价格低于替代国价格，造成国外指控的高胜率。而高胜诉率又增加了国外企业采用反倾销手段的动机，降低了国内企业应诉的积极性。②国内繁杂的税费、欠发达的物流和信用支付体系也增加了商品流通和交易成本，导致同一商品国外价格低于国内价格，也成为国外发起反倾销调查的原因。而仅凭企业的努力，是无法扭转这些现状的。

再以反补贴为例，调查内容涉及税收、投资、贸易、产业、土地、国企改革等中央、地方经济政策。但是收集财政、税务、国土、海关、经贸以及银行等部门的信息，难度很大。没有政府的协调，企业根本无法实施控诉和应诉。而国内部分地方政府、税收和银行部门在补贴制定和事后配合企业调查方面的认识还不够重视，特别是有些地方政府仍旧将自身定位于"桥梁"职能，无法适应反补贴调查的需要，因此大大降低了企业应诉和胜诉的可行性。

第四，国内行业协会/商会、律师事务所、会计事务所、专业证人、技术查询专业服务机构等中介组织专业能力和经验不足，也是国内出口企业低应诉率、低胜诉率的重要原因。在贸易摩擦事件中，欧美商会和协会往往担当起诉立案和组织调查等工作，发挥着重要的作用。而国内商会和协会还是主要发挥告知、提供信息、推荐律师的作用，能够有效召开应诉会议、提供专业指导和积极对外沟通的只是少数。而国内由于协会/商会功能缺失，应诉贸易摩擦更多的是企业行为。在国内企业和国外行业协会双方的博弈中，后者往往更加专业、更具有实力和社会影响力，处于优势地位。

此外，本地专业服务机构难找是应诉企业普遍遇到的难题之一，也成为打击企业应诉积极性的重要原因。在国内，应对贸易摩擦还是一个新的领域，专业律师事务所、会计事务所、专业证人、技术查询专业服务机构并不健全，熟悉国外市场和法律的专业人才匮乏。目前，国内应诉案件几乎都需要聘请国外专业证人和律师，也大大增加了企业应诉的难度和成本，降低了企业应诉的利益，打击了企业应诉的积极性。

三、提升企业应对贸易摩擦主动性的建议

面对频繁发生的贸易摩擦，提高贸易主体——企业的应诉积极性是应对贸易摩擦重要的一环。从微观角度看，决定企业是否应诉是由应诉的战略收益或短期利润决定的。而应诉收益又是受国内出口企业应诉成本、胜诉率和胜诉后积极影响大小决定的。由于应诉收益不高，国内出口企业普遍存在低应诉率的现状。而低应诉率、低胜诉率又强化了国外企业或组织发起贸易摩擦的动机。

针对低胜诉率和低应诉率的成因，为了提高国内出口企业应诉的收益和积极性，首先，出口企业应做到"有利有据"。一方面，按照国际惯例组织生产，健全安全标准、包装标识、社会责任等的各项制度，避免价格战造成低价倾销，做到不授人以柄。另一方面，出口企业还应健全内部管理规范制度，做到过程资料完整，提高应诉效率，降低应诉成本。另外，出口企业还应提升国际市场营销能力，掌握降低贸易摩擦可能产生的负效应和提升积极影响的"事件营销"和"危机公关"能力。

其次，企业应诉贸易摩擦的收益和地方政府、行业协会/商会的职能和中介专业实力有着密切的关系。就政府而言，一方面政府应建立、完善和有效落实贸易摩擦预警监测体系，防患于未然；另一方面，政府也是贸易摩擦博弈的重要一方。例如，在反补贴调查中，税收、土地、产业补贴的直接对象就是政府，因此，政府应积极提升其相关专业能力。此外，政府实施贸易调查、措施

的能力也是制约国外企业或组织发起恶性诉讼和连环申诉的关键环节。当前，提高行业协会/商会威信，完善其职能和提升中介机构的专业实力是优化国内企业应诉环境的重要内容，也将构成对国外企业或组织的威慑。总之，通过各界共同努力，降低企业应诉成本和风险，增加胜诉利益，才是提升企业应对贸易摩擦主动性的有效机制。

　　本章小结：通过对涉案企业实际情况的分析说明，频繁发生的贸易摩擦不仅对出口产生了负面冲击，也对投资、就业和消费产生了间接的不利影响。理论和案例分析还表明，应对贸易摩擦（一）还需提升重视高度和"就贸易摩擦论贸易摩擦"。贸易摩擦是一个具有独立政策和理论研究范畴的专业领域，社会各界应高度重视贸易摩擦的负面影响。有贸易就会有摩擦，由政府部门、企业、行业协会、中介机构等"四体联动"，各方共同努力提升应对贸易摩擦的专业技能，不宜避实就虚。（二）提升专业技术能力是应对贸易摩擦的直接对策。第一，增强地方政府部门应对贸易摩擦的主动性和创新性。第二，提升出口企业的应诉组织效率和胜诉收益获取能力。第三，提升行业协会的权威性和应对贸易摩擦的组织、参与能力。第四，提升中介机构应对贸易摩擦的研究能力与实践经验。

■

转型升级发展篇

第五章

代工企业转型升级的挑战与对策

自 1995 年以来，加工贸易就一直是我国主要的出口方式。从产业链角度看，代工（包括 OEM、ODM）是加工贸易的主要商业运作模式。代工产业为中国经济增长、就业和技术进步做出来重要的贡献。当前对其发展也存在颇多争议。以电子产品代工企业为例，电子产品代工企业仍旧保持快速增长，对经济增长和产业整体国际竞争力具有现实意义。但是，从"五力模型"的框架来看，电子产品代工企业面临要素成本上升、行业内竞争加剧、替代品市场势力增强、委托方和消费者议价能力增强等多方面的挑战。根据资源优势和核心能力理论，对于多数企业，应对竞争力下降挑战的短期稳健策略应是维持成本领先和价格领先能力；中长期基本策略应是提升技术和产品创新能力；近期积极策略应是培育企业市场营销能力；远期积极策略应是创建品牌，提升产品差别化能力。此外，要解决代工企业竞争力下滑难题，还需要社会各界的多方面支持。

第一节　出口代工企业发展概况

在经济全球化时代，发展中国家通过推进实施进口替代战略和出口导向战略实现工业化的传统道路受到了严峻挑战。随着国际分工不断深化，产业内贸易、产品内贸易和公司内贸易快速发展，加工贸易在国际贸易中的地位不断凸显。实施发展加工贸易战略也成为发展中国家实现工业化的一条捷径。自20世纪70年代末我国实施加工贸易发展战略以来，加工贸易快速发展，自1995年以来加工贸易就一直超过一般贸易，成为我国最主要的出口方式①。我国加工贸易的发展经历了从"三来一补"到"进料加工"和"深加工结转"，从"乡镇小厂"到"跨国公司"，从"服装玩具"到"高科技机电产品"。目前，加工贸易已成为我国重要的出口贸易方式。

加工贸易促进了我国制造业的不断进步和发展，对解决就业、直接带动全社会资源向制造业的配置，促进产业结构升级和推动全国工业化的进程发挥了重要作用。与此同时，关于加工贸易发展相关问题，也引起了广泛持久的争议。我国三分之二以上的加工贸易企业依然主要从事劳动密集型的生产加工，在全球价值链上的利益分配比重不断降低，而加工贸易的增值率较低，却要承负高能耗、高污染的代价，承担内外不均衡的风险。当前，争议的内容包括对是否要发展加工贸易、加工贸易发展的可持续性、加工贸易转型升级的可行性分析、加工贸易转型升级的对策和路径、加工贸易企业的生产控制模式、跨国公司在我国进行加工贸易的进入模式方面等。争论的结果是，多数人认为发展加工贸易仍具有重要现实意义，全面提升加工贸易水平是我国转变贸易发展方式、提升国际竞争力的一项重要任务。为了促进加工贸易发展，近年来，商务部曾会同其他部门专门出台了《关于促进加工贸易转型升级的指导意见》、《关于建设珠江三角洲地区全国加工贸易转型升级示范区的指导意见》和《关于在苏州、东莞开展加工贸易转型升级试点工作的通知》等一系列文件。

代工企业竞争力的提升对于实现加工贸易转型升级具有重要意义。从产业链角度看，代工（包括OEM、ODM）是加工贸易的主要商业运作模式。代工

---

① 　注：1993年我国加工贸易出口占比首次超过一般贸易出口；1996年由于出口退税率政策等因素的影响，加工贸易出口占比大幅增长，首次超过50%。

产业为中国经济增长、就业和技术进步做出了重要贡献。例如，富士康科技集团连续 9 年名列商务部出口 200 强榜首，2009 年、2010 年出口额分别高达 572 亿美元、823 亿美元，占全国出口的 4.76%、5.22%。中兴、科龙、格兰仕和安踏等企业通过代工，成功转型升级为自有品牌企业。而波司登、雅戈尔和华硕等知名企业至今仍旧坚持 ODM 和 OBM 的混合发展之路。但是，当前代工企业面临诸多挑战和质疑，甚至被认为是一种过时的商业模式。面对挑战和质疑，"贴牌"企业应如何"创牌"？如果不能"创牌"，代工是否"过时"？如果代工模式不"过时"，又该如何增强竞争优势？这些有关代工企业发展和转型的问题已成为急需探讨的议题。

当前，关于代工企业升级发展之路的探讨，也存在一定分歧，需要结合企业发展的新经验和新需求进行深入思考。例如，认为代工是一种过时商业模式，应鼓励代工企业培育自主创新能力和创建自有品牌的观点引起了广泛关注。但是，程宏辉、罗兴对广东 316 家企业调查分析后，证明"贴牌"战略并不是一种过时的战略选择，"而是许多制造企业基于自身所积累的资源和能力的理性选择"[1]。韩中和、胡左浩和郑黎超以 139 家中国制造型出口企业为样本进行了实证分析，结果表明企业自有品牌出口比例对企业出口绩效并不存在显著影响，而不同类型的目标市场选择、出口市场特征以及行业特征对品牌化战略以及绩效存在显著影响[2]。吴解生则通过对宝成工业发展经验的分析，认为"只要恰当把握，代工企业并非一定缺乏成长空间，也并非一定不能实现长期稳定的发展"[3]。

富士康科技和波导股份发展的实践经验也具有很大启发，代工企业竞争力的提升具有一定复杂性。当前的一些普遍流行的观点，只是抽象的答案，甚至出现了理论和现实的背离，将其转换成具有实际指导意义的研究成果还需仔细推敲。例如，传统的观点认为技术是提升代工企业市场竞争力的重要途径。但是，情况可能并非如此。在技术方面，富士康集团 2010 年专利申请量 15500

① 程宏辉，罗兴."贴牌"是一种过时的战略选择吗——来自广东省制造型企业的实证分析.中国工业经济.2008（1）.P96~104

② 韩中和，胡左浩和郑黎超.中国企业自有品牌与贴牌出口选择的影响因素及对出口绩效影响的研究.管理世界 2010（4）.P114~124

③ 吴解生.代工企业的成长空间与竞争策略——中国台湾宝成工业的发展经验与启示.经济问题探索.2010（2）P109~113

件，累计 88200 件，名列中国和美国前茅。在管理方面，创建颠覆电子代工服务领域的机光电垂直整合 eCMMS 商业模式，提供客户囊括共同设计（JDSM）、共同开发（JDVM）……全球运筹及售后服务等等之全球最具竞争力的一次购足整体解决方案。先进科学技术和管理技术并没有提升富士康集团的盈利能力和价值分配地位，相反却随着代工产品技术含量提升，企业的盈利空间不断缩小。再例如，普遍的观点认为实现 OEM 向 ODM 的转型是代工企业盈利能力提升的路径，但事实是从自行设计加工到自有品牌设计和生产并不是理所当然的，并不存在仁慈的阶梯。波导股份在实施 ODM 后，企业经营状况并没有实现长期改善，被迫又重新回到 ODM 发展之路以解"摘牌"危机。

第二节　代工企业发展面临的挑战——以电子产品为例

一、电子产品代工企业稳定发展的意义

（一）代工企业仍旧存在较大的发展空间

金融危机前，以富士康国际、比亚迪电子、鸿海精密和仁宝为代表的代工企业持续保持快速增长（见表 5.1）。2008 年，受金融危机影响，营业额增速均出现了明显回落，特别是仁宝和富士康甚至出现了负增长。但是，2010 年，除富士康国际以外，比亚迪电子、鸿海精密和仁宝的营业额均实现了环比高增长，分别为 48.65%、45.62% 和 34.86%。代工企业增长速度的快速回复，说明代工业务仍旧存在较大的发展空间。

表 5.1　2003~2010 年代工企业营业额增长率和毛利率比较单位：%

公司	富士康国际		比亚迪电子		鸿海精密		仁宝	
	2038. HK		00285. HK		2317. TW		2324. TW	
指标	增长率	毛利率	增长率	毛利率	增长率	毛利率	增长率	毛利率
2003	300.36	12.98	——		33.84	6.21	39.30	8.19
2004	203.34	9.11	——	25.92	26.06	6.53	30.31	6.19
2005	92.38	9.12	65.69	23.37	63.46	5.72	4.50	6.03
2006	63.11	9.37	406.64	31.29	28.51	5.47	37.20	4.76

公司	富士康国际		比亚迪电子		鸿海精密		仁宝	
	2038. HK		00285. HK		2317. TW		2324. TW	
2007	3. 38	9. 17	89. 47	26. 47	42. 45	4. 78	41. 04	4. 83
2008	− 13. 62	6. 93	48. 34	19. 98	19. 10	4. 03	− 5. 26	5. 03
2009	− 22. 19	5. 94	30. 90	13. 95	− 3. 56	4. 48	54. 62	4. 61
2010	− 8. 15	4. 26	48. 65	12. 43	45. 62	3. 71	34. 86	3. 79

资料来源：分别根据各公司年报数据整理

（二）代工企业也是国内电子产业竞争力的重要环节

当前，代工企业发展的意义不再局限于对就业、税收、GDP 的贡献和"干中学"，还关系到国内电子产业的整体国际竞争力。根据产业国际竞争模型，产业国际竞争力是由产业生产要素、产业需求条件、相关与支持产业的力量以及企业竞争力构成的价值系统整体的合力。当前，代工企业不仅给国外跨国公司代工生产，同样也给华为、中兴、联想等国内跨国公司代工生产①。只有代工企业和国内原始设备生产商（下文简称 OEMS）各自发挥企业核心优势，才能提升产业的国际竞争力优势。

二、电子产品代工企业面对的挑战

尽管代工企业营业额恢复了快速增长，但是，受竞争力下降的影响，企业盈利能力却持续下滑。2010 年富士康国际、鸿海精密和仁宝的毛利率仅为 2003 年的 32.82%、59.74% 和 46.28%，比亚迪电子 2010 年的毛利率也仅为 2004 年的 47.96%，均出现了大幅下滑（见表 5.1）。毛利率的大幅下滑对企业的可持续发展构成了巨大挑战。以传统的功能手机（相对智能手机而言）代工企业为例，当前代工企业面临要素成本上升、行业竞争加剧、替代品市场势力增强、委托方和消费者议价能力提升等多方面的挑战。

（一）要素成本上升对功能手机代工企业竞争力的影响

成本优势曾经是出口代工企业最重要的竞争优势。近年来，工资、土地、电力、治污等生产要素使用成本的上升对代工企业构成了较大的挑战。从 1995 年实行最低月工资和小时工资制度以来，全国各地的工资水平均得到了

---

① 例如，比亚迪电子就是华为、中兴 3G 产品的代工生产企业。近年来比亚迪电子营业额增长最快的市场也是中国，2010 年是 2006 年的 2 倍，国内业务的快速增长维持了比亚迪营业额的稳定增长。

普遍提高。以城镇制造业平均工资为例，除金融危机爆发的 2009 年外，其余各年均保持 10% 以上的增长率，2010 年全国制造业平均工资水平较 2000 年增长 2.8 倍。尽管比亚迪电子和富士康国际采取多种措施控制用工成本，其总体工资成本增速低于全国周四，但是，2010 年工资占营业额的比重还是较 2006 年分别增长 11%、135%。预计未来受以下因素影响，用工成本仍将具有增长压力，将对代工企业成本领先优势产生较大的负面冲击。首先，从劳动年龄人口结构的变化趋势看，目前，劳动年龄人口比例的继续下降将导致劳动力市场均衡价格的提升。其次，农产品价格上涨和农业生产率的提升，也加大了出口代工企业工人报酬的机会成本。

以富士康国际为例，用工成本和企业盈利能力有着密切关系。在 2004—2009 年期间，员工成本占营业额比率和毛利率的相关系数为 - 0.704。用工成本上升将对富士康"廉价成本"盈利模式构成巨大考验。2010 年 6 月，富士康国际曾两次公告提高大陆生产线作业员、线长及组长的薪酬及工资，合计公告加薪幅度约 66%。尽管外界无法精确计算加薪对富士康国际的最终影响，但是，粗略估计的结果也足以判断加薪给富士康带来挑战的严峻程度。2009 年末，富士康国际员工人数为 118702 人，比上年增加 9.67%。但 2009 年员工成本总额为 485 百万美元，同比下降 27.84%。人均成本更是下降 34%（见表 2）。如果富士康国际不是通过压缩工资来削减成本，公司 2009 年的盈利就将大大缩水。假设其他条件不变，以 2008 年员工平均成本 6208.60 美元为标准，则 2009 年富士康国际员工成本就将增加 251.97 百万美元，占当年公司毛利的 39.22%，是公司净利润的 6.3581 倍。当然，加薪也会减少员工特别是熟练工的离职率，降低招聘、培训等费用，以及提升生产率，这些因素可以对冲部分用工成本的上升。但是，短期内大幅加薪对处于收入和盈利能力下降阶段的富士康国际会产生较大的负面影响已是毫无疑问。

表 5.2 2004～2009 年富士康国际员工人数及成本情况

年度	2004 年	2005 年	2006 年	2007 年	2008 年	2009 年	2010 年
员工（人）	32060	59070	110697	123917	108237	118702	126687
员工成本（百万美元）	225.38	298.25	377.04	464.5	672	485	565
单位员工成本（美元）	7029.94	5049.09	3406.05	3748.48	6208.60	4085.86	
占营业额比重（%）	6.81	4.69	3.63	4.33	7.25	6.72	

资料来源：根据富士康国际控股有限公司财务报告整理计算

（二）行业竞争加剧对功能手机代工企业竞争力的影响

一方面，随着生产技术的成熟和标准化程度的不断提高，手机制造产业进入门槛不断降低，产业内的竞争日益激烈。例如，2005年之前，伟创力是全球营业额最大的手机代工企业。但是，新进入者富士康通过研发创新和并购芬兰艺模、摩托罗拉奇瓦瓦厂和奇美通讯等奠定了手机 eCMMS 垂直整合模式，代工业务快速增长。2003年其营收还仅为伟创力的1/4。然而，到2005年就超越伟创力，成为全球第一大手机代工厂。在手机二次电池生产业务基础上，比亚迪股份进入手机代工领域，其业务快速增长，并于2007年分拆手机业务在香港上市，成为富士康国际的主要竞争对手之一。受新进入者的挑战及市场需求回落的影响，2008～2010年，富士康国际来自所有主要客户的销售额均出现了明显下滑。

另一方面，随着智能手机、平板电脑和平板电脑手机的热销，电脑、通讯、消费电子（简称3C）呈快速融合发展趋势。例如苹果、黑莓、惠普等许多大型跨国公司从电脑、消费电子和其他领域进入通讯领域，更是加剧了传统功能手机产业的竞争和产业升级速度。

以富士康国际为例，自2005年上市以来，公司的营业额和毛利环比增速就已经开始呈下降趋势，特别是2008、2009年均为负增长，营业额从2007年的10732.32百万美元回落到7213.628百万美元，同期毛利也从984.084百万美元回落到428.362百万美元，降幅高达56.47%。2004年到2007年期间，富士康国际的毛利率分别为9.11%、9.17%、9.37%、9.12%，基本保持稳定。但是，从2007年以后毛利率也呈下滑趋势。2010年上半年，公司营业额环比增速由负转正，而毛利环比增速却仍旧保持负增长态势，导致毛利率的加速下滑（见图5.1）。

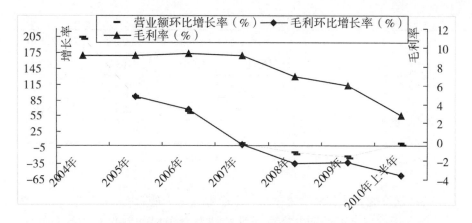

图 5.1　2004～2010 年富士康国际毛利率和营业额、毛利环比增长率

资料来源：根据富士康国际控股有限公司财务报告整理计算

　　而同样面临金融危机对手机需求的负影响，但是，2008 年和 2009 年，美国苹果公司 iPhone 的销量却分别环比增长 737.08%、78.30%，iPhone 相关产品和服务的收入分别增长 970.16%、93.31%。此外，2008 年苹果公司各项收入也均得到了快速增长（见表 5.3）。

表 5.3　2007～2009 年苹果公司 iPhone 销售情况

		2007 年	2008 年	2009 年
iPhone 销量	千个	1389	11627	20731
	环比	—	737.08%	78.30%
iPhone 和相关产品和服务收入	百万美元	630	6742	13033
	环比增长率	—	970.16%	93.31%
台式机	百万美元	4023	5622	4324
	环比增长率	—	39.75%	−23.09%
笔记本	百万美元	6313	8732	9535
	环比增长率	—	38.32%	9.20%
iPod	百万美元	8305	9153	8091
	环比增长率	—	10.21%	−11.60%
其他音乐相关产品和服务	百万美元	2496	3340	4036
	环比增长率	—	33.81%	20.84%

续表

		2007 年	2008 年	2009 年
外部设备和硬件	百万美元	1303	1694	1475
	环比增长率	—	30.01%	−12.93%
软件、服务和其他	百万美元	1508	2208	2411
	环比增长率	—	46.42%	9.19%

资料来源：APPLE THREE – YEAR FINANCIAL HISTORY，http：//www. apple. com/investor/

（三）议价能力缺失对功能手机代工企业竞争力的影响

功能手机市场已近饱和状态，成熟的消费者渴望差别化的产品和创新产品。为了和国际移动品牌设备供应商建立稳定的代工关系，国内电子产品代工企业选择了放弃自建品牌的战略。在市场需求萎缩的压力下，品牌功能手机的价格和销量不断下降。一方面，迫于毛利下滑态势，跨国公司存在降低代工价格的压力。另一方面，诺基亚、摩托罗拉、三星、索爱等品牌手机企业都有自有产能。当全球手机市场需求下降时，这些公司会部分停止使用外包服务。在买方市场情况下，OEMS 具有强于代工企业的议价能力，可以压低代工合同价，以保持自身盈利水平。

大型代工企业不仅从事功能升级组装服务，还从事销售手机部件和模块等较高附加值的业务。同功能手机代工相比，智能手机代工业务则处于"微笑曲线"的更低端阶段。第一，从制造工艺来讲，智能手机是非标准化生产，存在多种规格。代工企业不可能获得所有授权、投资所有不同的平台去适应不同 OEMS 的需求。这对传统的具有通吃特征的大规模代工模式产生了挑战。第二，现阶段，OEMS 出于保密原因的考虑，以"组装"订单外包为主。在"代工询单"中，OEMS 还会向代工企业指定原材料的品牌、质量、数量，甚至还会与供货商谈好价格。例如，以富士康代工 IPAD 为例，富士康不仅需要按指定价格向指定供货商进行购买即可。客户甚至还会在合同中明确生产用工量。面对这样"细致入微"的合同，富士康失去了从供应链上创造利润的可能性，客户支付的人力成本和实际支付工资之差成为公司盈利的主要来源。议价能力缺失造成了富士康和客户之间收入分配的巨大差距。以美国权威市场调查机构 iSupply 提供的 16GB Wi – Fi 版本的 iPad 数据为例，平均成本为 259.6 美元的 iPad，在美国最低售价 499 美元，而富士康的代工费仅占售价的 2%（见表

5.4)。

表 5.4 16GB Wi‑Fi 版本 iPad 成本构成

部件/工序	成本（美元）	部件/工序	成本（美元）
LCD 触控屏幕	95.00	包装盒及配件	7.50
苹果 A4 处理器	26.80	其他零部件	72.75
16GB 记忆体	19.50	在中国组装成本	9.00
电池	21.00	总成本	259.6 美元
蓝牙及 Wi‑Fi 晶片	8.05	零售价	499 美元

资料来源：转引自经济通（香港经济日报）：加薪冲击产业链，恐掀全球加价，http://static.etnet.com.cn/SpecialReport/SpecialReport/20100615.html

组装业务比重的上升降低了企业获取附加值的机会，导致智能手机代工企业往往是保了业务，难保利润，构成了代工企业升级的两难。例如，比亚迪电子受惠于诺基亚、华为、中兴订单增加，实现了营业额的增加。但是，又由于组装服务比重的上升（见表 5.5），降低了企业的毛利率。

表 5.5 2006～2010 年比亚迪电子销售结构变动

年度		2010 年	2009 年	2008 年	2007 年	2006 年
手机部件及模块	销售额（千元）	7,184,366	6,200,623	4,684,855	3,869,150	2,989,879
	占比	0.432	0.554	0.548	0.671	0.982
组装服务	销售额（千元）	9,462,763	4,998,047	3,870,257	1,898,106	54,087
	占比	0.568	0.446	0.452	0.329	0.018
总收入		16,647,129	11,198,670	8,555,112	5767265	3,043,966

资料来源：根据比亚迪电子年报整理

一方面，代工企业面临生产成本、费税上升和定价能力缺失的挑战，另一方面，为了适应技术进步和市场需求变化加速的新趋势，代工企业又须加大新设备、新技术投入。在投入和成本加大、定价能力缺失两端的挤压下，代工企业很难保持利润率的稳定。代工企业和 OEMS 企业之间收入分配存在较大的差距，二者之间的毛利率差异呈扩大趋势（见图1）。

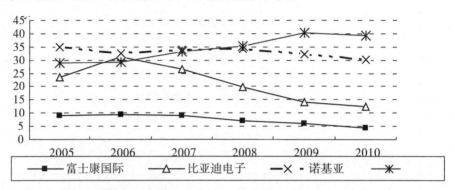

图5.2 富士康国际、比亚迪电子、诺基亚和苹果公司毛利率比较

资料来源：各上市公司年报数据。

以富士康国际和苹果发展比较为例，2008～2010 年期间，富士康营业额环比增长率和销售毛利率落后苹果公司的差额均呈逐年增大趋势，2010 年度，苹果公司营业额增长率是富士康的 24.30 倍，毛利率是富士康的 13.18 倍。两公司固定资产毛利率和人均毛利额也存在巨大差异，差异同样也呈扩大趋势。2009 年，苹果公司固定资产毛利率和人均毛利额分别是富士康的 25.36 和 139.23 倍。在生产模式方面，2008 年、2009 年苹果公司人均固定资产均值是富士康的 4.75 倍（见表5.6）。

表5.6 富士康国际和苹果公司财务指标比较

指标	公司	2008 年度	2009 年度	2010 年度
营业额环比增长率（%）	苹果公司	52.50%	14.40%	52.00%
	富士康国际	-13.60%	-22.20%	2.14%
销售毛利率（%）	苹果公司	35.00%	41.20%	36.90%
	富士康国际	6.90%	5.90%	2.80%
固定资产毛利率（%）	苹果公司	198.37%	583.01%	—
	富士康国际	30.97%	22.99%	—
人均实现毛利（万美元/人）	苹果公司	15.21	50.20	—
	富士康国际	0.59	0.36	—

指标	公司	2008 年度	2009 年度	2010 年度
人均固定资产 （万美元/人）	苹果公司	7.67	8.61	—
	富士康国际	1.92	1.57	—

注：表中年度为会计年度，苹果公司截止9月末，富士康截止12月末。

资料来源：根据富士康国际和苹果公司财务公告数据整理计算。

综上所述，功能手机面临来自要素供应者、委托方、新进入者、替代品生产者和消费者等多方面的挑战（见图5.3），企业竞争力处于下降阶段。

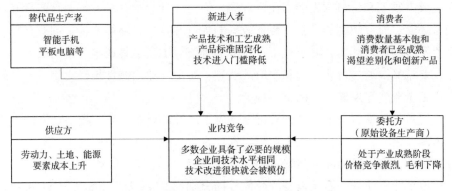

图5.3 功能手机代工市场竞争现状分析

第三节 电子产品代工企业竞争力提升策略

成功的品牌差异化战略能够给企业带来超额收益率，但是，"品牌化战略是企业外部环境和企业能力与企业绩效满意间关系的中间变量"[①]，即品牌化战略和绩效之间并不存在必然关系。代工企业有通过创牌实现成功转型的案例，也存在不成功的案例。例如，波导手机通过品牌化策略，带来了短期飞速发展。但是由于技术和管理等方面的不足，市场优势和市场份额很快下降。面对持续亏损的压力，波导股份又再次回到了代工发展模式。2009、2010 年，其海外营业额占比分别为74.87%和92.49%，主要来自不被国际手机巨头关

---

① 韩中和. 胡左浩和郑黎超. 中国企业自有品牌与贴牌出口选择的影响因素及对出口绩效影响的研究. 管理世界. 2010（4）.

注市场的主板和外壳代工费收入。代工企业既有存在发展的空间也有存在的必要性。因此，在前瞻性探讨代工企业实现"贴牌"转型"创牌"的同时，研究如何提升代工企业的"代工"实力同样具有现实意义。

（一）短期稳健策略：维持成本领先和价格领先能力

从全球价值链来看，具有成本领先的制造能力仍旧是大型代工企业的核心能力之一。代工企业可以通过提升机械化水平和企业内迁等策略，继续维持企业现有的竞争力。例如，受从深圳向廊坊内迁的影响，2009 年富士康国际工人均成本甚至出现下降，2010 年增幅也低于全国制造业平均水平。此外，维持企业成本领先和价格领先能力还需政府、银行、社会中介多方努力营造良好的经营环境。通过制度的完善、服务效率的提升和基础设施的改善，创造有利于企业发展的经营环境，对于代工企业降低物流成本、交易成本、信用成本等具有重要意义。通过行业协会和政府的引导，避免产业内恶性价格竞争，也是改善代工企业生存发展环境的重要环节。

但是从长期看，成本领先和价格领先策略并非解决问题的根本之策。以内迁为例：第一，内迁会增加企业固定资产投资、现金需求和固定资产减值亏损等。例如，富士康国际从 2008 年开始内迁廊坊、天津和北京。而 2008 ~ 2010 年，该企业物业、厂房及设备的减值亏损分别为 5224.2、3408.9 和 8164.4 万美元，降低了企业短期盈利水平。第二，内迁还会增加员工，特别是熟练工的离职率，增加招聘和培训费用，降低企业良品率。第三，以代工为主企业的布局需要和 OEMS 供应链需求的变动相一致。OEMS 会担心大规模的转移造成代工产品供应的不稳定，考虑转单。第四，在全国工资普涨的背景下，工资还表现出了不均衡增长的格局。以 2010 年工资调整为例，深圳关内工资、廊坊、成都、郑州最低一类标准工资涨幅分别为 10%、24.1%、20% 和 23%，如果继续延续这种趋势，二线城市的工资"洼地"效应将面临快速填平趋势。

（二）中长期基本策略：提升技术和产品创新能力

提升技术和产品创新能力是代工企业增强"代工贴牌"竞争力的核心，也是未来"创牌"的关键基础。

首先，创新能力与代工企业的盈利能力、持续发展存在紧密关系。一方面，由于新技术的掌握，比亚迪电子代工华为、中兴和诺基亚智能手机产品的业务量开始增加，成为其营业额增速超过富士康国际的原因之一。另一方面，又由于核心技术缺失，比亚迪电子主要从事智能手机的组装服务，导致手机部件和模块业务比重的下降，降低了企业的盈利能力。富士康科技（注：富士康国际的母公司）代工组装 iphone4，同样也是实现了公司营业额的增长，而没有实现利润率的增长。从供应链关系来看，iphone4 的部件、芯片和软件技术大多为美国、韩国、欧洲等公司所有，富士康仅从事组装代工业务（见图5.4）。以售价 600 美元的 iphone4 为例，芯片、组装成本为 187.51 美元，占31.25%；各种专利技术使用许可费为 45.95 美元，占 7.66%；利润 360 美元，占 60.00%；而组装费用为 6.54 美元，仅占 1.09%。①

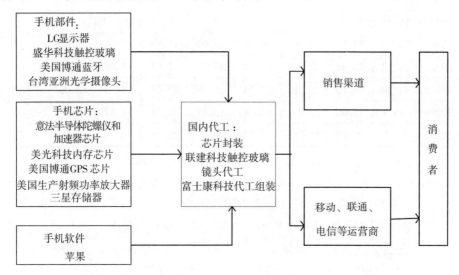

图 5.4　iphone4 供应链分解

其次，即使实现了"贴牌"转型"创牌"，创新能力还是决定市场势力的关键因素。诺基亚曾凭借创新能力超越了摩托罗拉，而如今苹果同样凭借创新能力，市场占有率快速上升，快速跃居第四。2008～2010 年 iphone 的销量分别环比增长 737.08%、78.30% 和 92.89%，iphone 和相关产品服务的收入分别增长 970.16%、93.31% 和 93.19%。受益于新产品的创新，即使是金融危机爆发的 2008 年，诺基亚和联想营业额均出现了负增长，而苹果却实现了52.54% 的爆发式增长。此外，2008～2010 年间苹果公司的盈利能力也高于诺

---

① Bao Beibei and Chen Xiaoduan . Supply Chain for iPhone Highlights Costs in China. Tne New York Times. July 5，2010

基亚和联想集团，特别是明显高于联想集团（见表5.7）。当前，排名前三的
诺基亚、三星和 LG 市场占有率仍处于下滑态势，而苹果却保持持续快速
增长。

表5.7　诺基亚、苹果、联想公司营业额增长率、毛利率、经营利润率比较

单位:%

年度	诺基亚			苹果			联想集团		
	A	B	C	A	B	C	A	B	C
2005	16.41	35.04	13.57	——	29.04	12.15	359.11	14.00	1.06
2006	20.27	32.54	13.35	38.65	29.09	13.54	10.06	13.96	1.33
2007	24.17	33.84	15.64	27.25	33.17	17.93	15.06	15.02	2.72
2008	-0.68	34.26	9.79	52.54	35.20	22.21	-11.24	12.06	-1.29
2009	-19.18	32.36	2.92	14.44	40.14	27.36	11.43	10.78	1.32
2010	3.57	30.20	4.88	52.02	39.38	28.19	30.05	10.95	1.77

　　注：表中 A：销售环比增长率；B：毛利率；C：经营利润率

　　资料来源：各上市公司年度报告。另注：比较过程没有考虑不同会计制度的差异

（三）近期积极策略：培育企业市场营销能力

电子制造服务（以下简称 EMS）也称专业电子代工服务（ECM），是指电
子制造服务公司为 OEMS 提供设计、策划、制造、供应链整合服务。当前，
EMS 已经取代 OEM、ODM 成为最具有竞争力的电子产品代工模式。具有 EMS
核心能力的代工企业更具有市场竞争力，附加值也高于 OEM 和 ODM。

EMS 的核心能力不仅包括设计和生产能力，还包括供应链整合和服务客
户的能力。在"世界制造中心"的基础上，中国正在成为"世界消费中心"，
为代工企业整合供应链和服务客户提供了机会。例如，中国已成为诺基亚最大
的市场，净销售额和其占比逐年上升，2010 年高达 16.84%（见表4）。代工
企业应抓住这一有利机会，通过积极培育渠道管理和客户服务能力，提升
EMS 核心竞争能力和企业获利水平，并为企业向制造能力和营销能力并举转
型积累经验。

表 5.8　2007～2010 诺基亚在中国的净销售额和占比

年度	2007 年	2008 年	2009 年	2010 年
净销售额（EURm）	5898	5916	5990	7149
占比（％）	11.55	11.67	14.62	16.84

资料来源：根据诺基亚年报数据整理计算

（四）远期积极策略：创建品牌，提升产品差别化能力

首先，凯文·莱恩·凯勒曾经分析了微软、IBM 和西门子成功实施品牌化战略对于公司发展的意义①。事实证明，高科技公司不能单纯依赖产品的特征获得长期发展，产品的品牌化具有重要意义。根据品牌次级联想理论，由于高科技产品更新换代快和产品复杂，多数消费者缺乏判断高科技新产品功能和质量的能力。而品牌能够建立消费者对生产公司产品质量和信誉度的积极感知，降低消费者对新产品购买风险的担忧。韩中和、胡左浩和郑黎超还研究了高科技对于创建品牌的意义，证明在技术含量高的行业中，企业由于拥有高科技产品更容易差异化，也更容易创建品牌形象。

其次，在日益深化的新兴国际分工体系中，在以产品内分工主导的电子产品产业链上，类似富士康集团、比亚迪电子、仁宝集团等代工企业不同于传统的贴牌生产商，他们可以为不同的客户服务，其设备利用率和专业化水平更高。此外，在类似富士康机光电垂直整合 eCMMS 商业模式下，代工企业既具有规模经济优势，而且具备一定技术和产品研发能力，可以为客户提供新产品研发和改进等前段服务，还可以为客户提供金融、物流以及技术支持等后端服务。从产业链分工的角度看，这种代工模式已经超越了 ODM 阶段，这些代工企业已经同跨国公司或行业主导企业建立了长期合同和战略联盟关系。然而，这些优势仍就属于非核心优势，并不能构成代工企业的战略性优势，无法有效构筑行业的进入壁垒。一旦失去低成本优势，很容易被跨国公司"抛弃"，其可持续性相对较弱。

因此，随着营销能力的提升和创新能力的积累，代工企业的资源优势和核心能力将发生改变。部分代工企业应努力推进自有品牌建设，谋求获取持续和差异化的竞争优势。

---

① 凯文·莱恩·凯勒．战略品牌管理．北京：中国人民大学出版社，2006。案例 IBM 见 16 页，西门子案例见 645 页，微软的案例见 647 页

结论与建议：

首先，以富士康国际为代表的电子产品出口加工制造企业面临企业盈利能力和相对竞争优势下降等诸多问题，但是，电子产品代工企业持续稳定发展仍旧具有现实意义。应对代工企业发展面临的问题，短期内维持成本领先仍是多数代工企业保持或提升竞争力的可行之策。其次，提升创新能力和渠道营销能力，有利于企业实现 OEM、ODM 转型 EMS 代工模式，增强企业"代工"能力，并为未来转型"创牌"积累基础能力。随着创新能力和渠道营销能力的提升，"创牌"应成为有实力企业的长期发展策略。

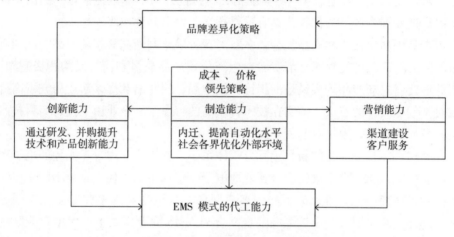

图 5.5　代工企业竞争力提升策略

其次，出口加工制造业的持续发展和转型，不仅需要企业的努力探索，也需要社会各界的关注，通过提高公共服务效率为企业创造更好的营商环境。首先政府和有关各界不应简单地认为，生产要素使用成本上升和竞争加剧有利于通过优胜劣汰实现产业转型升级，而忽视出口加工企业对经济增长和稳定就业的重要意义，以及企业转型升级可能的风险。为了给出口加工制造企业发展和转型创造良好的社会环境，当前政府和有关部门应通过制度的完善、服务效率的提升和基础设施的改善，创造有利于企业发展的营商环境。众多资料也证明，这方面还存在较大的空间。其次，具有制造和专利技术优势的富士康国际仍就是"低附加值"的代工企业。这一现实也表明，有技术且从事高科技产业的企业并不一定就是具有竞争力的企业。政府和有关各界不能简单地将产业转型升级等同于一个地区新能源企业、新材料企业、生物医药企业、研发机构和专利的统计数据的变化。

此外，为了提升出口加工制造企业的竞争力和改变"廉价世界工厂"的现状，政府和社会各界需要进行双向思维。一方面，为出口加工企业创造条件，实现由 OEM、ODM 向 OBM 的转型，向"微笑曲线"的两端发展。另一方面，社会各界也应注意"微笑曲线"存在的前提是自由贸易和价值链分配规则保持不变。没有了自由贸易也就不存在国际产生分工产生的"微笑曲线"利益。例如，当不断升级的"中国制造"进入国际市场时，遭到了各种名义的贸易壁垒制裁，还是无法分享全球化的利益。此外，"微笑曲线"也未必就是合理的全球价值链分配关系。在劳动力要素趋于稀缺的条件下，政府也应引导各界重新认识"微笑曲线"的合理性，努力使市场价格更准确地反映劳动力、资本和技术等要素均衡价格的新变化，改变现有全球价值链分配关系，降低"微笑曲线"的斜度。

第六章

传统产业转型升级的挑战与对策

——以纺织业为例

传统产业和国际竞争力分属于不同的范畴，一个产业并不会因其属于传统产业就等于国际竞争力的没落。意大利的服装及制鞋业、丹麦的家具业、瑞士的制表业等都属于传统产业，但是，其长期具有国际竞争力。此外，新兴产业和传统产业之间也并非对立的割裂关系，新兴产业和传统产业发展存在紧密的关系，是你中有我和我中有你的互动关系。拉美经济发展的历史也表明，处理不好支柱产业、主导产业、新兴产业之间的衔接关系，会引发产业升级的断档风险。以苏州为例，纺织工业产值持续多年排名苏州市六大支柱产业第三，"对提高人民生活水平、解决就业、促进农业现代化、农村城镇化积累资金、繁荣市场、推动'两个率先'发挥了重要作用"。纺织产业也是苏州市重要的出口产业，特别是保持了较高的净出口额。统计资料表明，苏州市纺织产业已经形成了一定竞争优势，但是也存在多方面的问题。推动纺织产业链整体价值的提升，不仅应强调向"微笑曲线"两端发展的经典观点，还应突出强调"以持续推动和改善人类生活质量"的市场导向观念和"绿色生态"的包容性发展之路。

第一节　传统产业转型升级对出口贸易发展的意义

一、传统产业是我国出口的重要部门

传统产业也是我国重要的出口部门，以苏州为例，即使当地机电产品出口快速增长，但是 2005～2010 年间，苏州市纺织原料及纺织制品出口额也累计增长 90.57%，净出口额累计增长 99.28%。目前，占全市出口总额的比重有所回落，但仍旧保持 8% 以上的水平。而且，纺织业对本地居民就业、创业和财政保持了较高的相对贡献率。因此，实现传统支持产业升级对于稳定出口和

实现积极转型升级具有重要意义。

随着工资、土地等要素成本的上升和环保、税收、汇率政策的调整，以及越南、非洲国家的冲击，现有传统主导出口产品面临成本上升，价格竞争优势减弱的压力。但是，并不能简单地根据当前出口额和盈利能力下滑，就断言这些部门已经进入衰退期。根据产品生命周期理论，产品包括产品类别、产品形式和品牌三个层次。产品生命周期虽然表现为销售额和盈利能力的变化，但是决定产品生命周期长度和形式的因素却是需求的变化、相近替代品技术的变化，以及新产品为市场接纳的速度。以这些变量为衡量标准，从产品类别的层次看，传统支柱产业并未进入衰退期，而是处于成长期或成熟期。

从产品形式和品牌的层次看，市场创新、市场集中、竞争结构、经济周期、供应约束和替代品销售都会影响产品生命周期的结构。国外经验表明，通过对影响产品生命周期因素的调整可以再次焕发产品的"青春"，产品生命周期形式可以是循环——再循环模式和扇贝模式。既然传统主导产业（产品类别）仍旧处于成长期或成熟期，出口贸易部门可以通过市场创新、市场集中、竞争结构等可控变量的优化，维持主导出口产品成熟期，不宜盲目轻易退出目前的优势产业。

二、实现传统出口产业升级是转变贸易发展方式适应经济转型的具体内容

高端产业可以有两种理解，一是指金字塔国际分工模型中以研发、信息、新材料、新能源、现代服务业为内容的技术密集型产业及资本品、高档消费品为内容的资本技术密集型产业。二是指"微笑曲线"模型中处于产业价值链前端的研发、设计和后端的服务、营销。后者也被称为"产业高端"。就具体产业形态而言，两种分类的结果具有很大的重叠性，区分两者的意义不大。但是就产业升级路径而言，后者明显地强调产业内升级，前者更多隐含的是产业间的升级。建设高端产业城市既可以是指第一、第二、第三产业的更高发展，也可以是指向技术密型、环境友好型的高附加值新型产业为主导的产业结构的调整。

实现产业升级是我国已率先实现工业化城市经济发展的客观要求。但是，产业升级需要考虑升级的方向、幅度和风险规避等多方面的问题。优先发展产业内升级还是产业间升级，首先受到的是经济发展目标的制约。据理论和国内国际经验，产业间升级的可能性并不低于产业内升级，并对产业升级提高度更大，且呈加速趋势。据此，产业间升级应该成为实现产业升级的战略选

择。然而一方面，应积极培育新的比较优势，实现"突变式"产业升级，力争在战略性新兴产业领域处于领先地位。另一方面，也需采取有效措施支持传统支柱产业的转型升级，有效化解产业升级中可能出现的"断档"风险。

部分传统支柱产业（例如纺织产业）具有国际竞争优势明显、产出规模大、就业人数多、产业关联度高等特点，对保障社会就业和经济平稳较快发展具有重要意义。再从更广泛的范围来看，如果一个城市工业排名前五的产业是电子信息、装备制造、纺织、冶金、轻工，这五个行业占全市工业产值、销售收入的近90%，庞大的经济体量就会决定了其对经济增长不可替代的作用。因此，以兼顾"保增长"、"促转型"目标作为建设主导产业选择的依据，产业内升级的重要意义非常突出。

第二节　传统产业发展的现状——以苏州纺织业为例

一、对纺织产业范围的界定

根据《苏州市支柱产业提升发展计划（2010～2012）》和《苏州市纺织工业调整和振兴规划（2009～2011）》，纺织产业包括化纤、棉纺、毛纺、丝绸、服装、家纺和印染七个行业，是纺织全行业的概念。而根据现行统计制度，以上七个行业分别属于化学纤维制造业、人造纤维制造业、纺织业、纺织服装与鞋帽制造业、皮革毛皮羽毛（绒）及其制品业、纺织服装和皮革等统计指标的范围。可见，政府有关文件中所指的"纺织工业"比统计制度中的"纺织业"具有更加广泛的行业范围。此外，在部分机构文件中所指的纺织产业还包括了"纺织、纺织服装和皮革专用设备制造"。

从完整的产业链角度看，纺织产业还应包括"纺织制造服务业"。纺织制造服务业包括职业训练、项目规划咨询（例如渠道、品牌、物流、供应链等）、流行趋势研究与发布机构、时尚杂志、专业媒体、纺织金融、纺织商业地产和进出口中介服务机构。《纺织工业调整和振兴规划纲要》、《纺织家纺自主品牌建设的指导意见》、《江苏省传统产业升级计划》、《苏州市支柱产业提升发展计划》等多个文件都对纺织产业高端化发展的目标、任务和保障措施进行了明确规定。有关文件主要是针对"纺织制造业"而言，并没有涵盖"纺织制造服务业"高端化发展方面的内容。事实上，"纺织服务业"是未来纺织产业高端化发展的重要方向，也是"纺织制造业"升级的必要条件。纺织产业转型升级需要考虑"纺织制造业"和"纺织服务业"有机一体化的升级路径。但是在发展现状分析时,考虑统计数据的可得性和问题的主要方面,现状分析部分主要是是围绕纺织制造业行业或产品进行的。

二、苏州市纺织产业发展的特点

根据国务院《纺织工业调整和振兴规划》,"纺织工业是我国国民经济传统支柱产业和重要的民生产业,也是国际竞争优势明显的产业,在繁荣市场、扩大出口、吸纳就业、增加农民收入、促进城镇化发展等方面发挥着重要作用"。作为纺织生产发达地区,"十一五"期间,苏州市纺织工业产销总量持续增长,在电子信息、装备制造、纺织、轻工、冶金和化工六大支柱产业中,产值持续排名第三。苏州纺织产业的发展"对提高人民生活水平、解决就业、促进农业现代化、农村城镇化积累资金、繁荣市场、推动'两个率先'发挥了重要作用"[①]。

(一)国际市场竞争优势明显

"十一五"期间,苏州市纺织原料及纺织制品出口持续快速增长,是苏州贸易顺差的重要原因。2005~2010年间,苏州市纺织原料及纺织制品出口额累计增长90.57%,净出口额累计增长99.28%(见表6.1)。虽然,同期纺织原料及纺织制品出口占全市出口总额的比重有所回落,但仍旧保持8%以上的水平。而纺织产业净出口占全市净出口的比重则高达30%。波司登、梦兰、紫荆花和AB入选商务部重点培育和发展的出口名牌(全市共5个品牌入选)。帝翼/HIGH WINGED、骏马、伊思贝得、波司登、紫荆花、梦兰、祥盛、桑罗、恒远、蚕花(CANHUA)、盛虹、雅鹿、A&B、艾蔻/A-CCO入选江苏省重点培育和发展的出口名牌(全市共34个品牌入选)。

表 6.1   2005~2010 年苏州市纺织原料及纺织制品进出口情况

年度	纺织出口 (亿美元)	比重 %	同比 ±%	纺织净出口 (亿美元)	全市净出口 (亿美元)	比重 %
2005	65.35	8.98	26.4	50.08	49.36	101.45
2006	76.69	8.1	17.36	58.30	151.06	38.59

① 苏州市纺织工业调整振兴计划,苏府〔2009〕110号

年度	纺织出口 （亿美元）	比重 %	同比 ±%	纺织净出口 （亿美元）	全市净出口 （亿美元）	比重 %
2007	91.39	7.69	19.17	70.28	259.73	27.06
2008	105.68	8.02	15.64	86.03	349.17	24.64
2009	95.88	8.40	−9.27	79.02	267.24	29.57
2010	124.54	8.10	29.89	99.80	321.40	30.83

资料来源：表1、表2资料，根据2006、2011年《苏州统计年鉴》整理计算。

（二）纺织产业是经济增长的支柱之一

苏州市拥有化纤、纺纱、织造、印染、整理、成衣、家用、产业用纺织制造等企业，产业链体系比较完整。在"十一五"期间，研发、设计、生产管理、品质控制、计算机管理、市场营销、社会责任、进出口贸易都进一步提升，产业配套能力增强。纺织产业的产能、品质都明显提高。2010年，苏州市纺织业，纺织服装、鞋、帽制造业，皮革、毛皮、羽毛（绒）及其制造业，化学纤维制造业（以下简称"纺织四行业"）规模以上企业工业产值为32245670万元，占全市规模以上企业工业产值的13.08%（见表6.1），在六大支柱产业中排名第三①。而在吴江、常熟地区，纺织业的发展更具有举足轻重的意义。其中，纺织工业总产值占吴江工业总产值的1/3以上。

2010年，苏州市"纺织四行业"规模以上企业单位数、平均从业人员、工业总产值、资产合计、固定资产、主营业务税金及附加、营业利润和成本费用利润率分别是2005年的1.91、1.18、2.06、2.17、1.93、1.56、3.78和1.55倍（见表6.1）。可以看出：①"十一五"期间，苏州市规模以上纺织企业数量和规模均得到快速发展；②固定资产增长速度明显大于从业人员增长速度，规模以上纺织企业的资本密集程度有所提高；③成本费用利润率较2005年提升2.17%，高于同期全市规模以上企业平均水平，以及营业利润率增速大于资产和固定资产增速，表明规模以上纺织企业在政策和市场双重利好推动下，行业盈利能力明显提高。

---

① 根据《苏州市支柱产业提升发展计划（2010~2012）》，2009年苏州市纺织产业规模以上企业总产值高达2610亿元，占全市规模以上工业总产值的约12.86%。

（三）纺织产业是居民和财政收入主要来源之一

随着劳动密集型向资本密集型生产方式的转变，纺织产业从业人数占全市比重有所下降。2010 年，"纺织四行业"规模以上企业平均从业人数合计为684364 人，占全市规模以上企业的 19.32%。从资本结构看，"纺织四行业"规模上企业私人资本为 6602382 万元，占全部资本的近 40%，大大高于国家资本、集体资本和外资资本，仅仅低于法人资本，是民间投资的重要投向之一。"纺织四行业"规模以上企业的产值也均以内资为主。2010 年，内资工业企业产值占"纺织四行业"规模以上企业的比重分别为 76.8%、67.8%、75.6% 和 40.5%，均远高于全市平均水平 33.7%。

从税收贡献来看，2010 年"纺织四行业"规模以上企业主营业务税金及附加 57017 万元，占全市规模以上企业的 19.12%（见表 6.2）。总体而言，"纺织四行业"规模以上企业平均从业人数占比、私人资本投资比例和主营业务税金及附加占全市比重均高于行业工业总产值、资产合计和利润占比水平，可见纺织业对于苏州市就业、富民和财税的贡献强度高于全市平均水平。如果考虑纺织企业以小企业为主的现实，纺织产业这一优势将更加突出。

表 6.2　苏州市"十一五"规模以上纺织企业工业企业主要经济指标占比与变动比较

年度	四行业合计				行业一		行业二		行业三		行业四		
	2006 年	2010 年	2005 占全市（%）	2010 占全市（%）	增长值	增长值	占比（%）	增长值	占比（%）	增长值	占比（%）	增长值	占比（%）
企业单位数（家）	2103	4020	31.19	29.69	1.91	1.93	64.68	1.57	17.86	1.63	3.81	2.68	13.66
亏损企业（家）	420	512	31.27	20.85	1.20	0.999	58.20	1.93	00.00	2.17	7.62	0.04	0.52
平均从业人员（人）	578058	684364	27.72	19.82	1.18	1.08	56.42	1.32	28.58	0.94	6.15	2.17	8.85
工业总产值（万元）	15660801	32245870	25.81	18.08	2.06	1.74	53.22	1.90	18.38	1.35	2.69	4.10	25.71
资产合计（万元）	12265621	26639376	25.10	13.77	2.17	1.93	59.75	1.94	14.39	1.43	2.81	4.06	23.05
主营税金及附加（万元）	36647	57017	23.99	19.12	1.56	1.47	60.89	1.50	21.46	2.13	4.98	2.09	12.67
营业利润（万元）	474681	1796266	21.46	11.29	8.87	2.69	33.24	2.28	22.39	1.47	2.05	14.77	42.32
成本费用利润率（%）	3.91	6.08	87.67	93.03	1.55	1.43	54.49	1.03	107.82	1.06	72.92	3.60	164.77
产销率（%）	98.64	98.79	100.39	99.43	1.00	1.01	101.05	1.00	99.29	0.98	98.87	1.01	100.79
出口交货值（万元）	4209190	4566097	27.07	4.31	1.08	1.12	58.07	1.11	27.37	2.83	10.11	0.86	4.45

续表6.2　苏州市"十一五"规模以上纺织企业工业企业主要产品产量占比与变动比较

2010年全市	总量	增长(倍)	市区 增长(倍)	市区 占比(%)	常熟 增长(倍)	常熟 占比(%)	张家港 增长(倍)	张家港 占比(%)	昆山 增长(倍)	昆山 占比(%)	吴江 增长(倍)	吴江 占比(%)	太仓 增长(倍)	太仓 占比(%)
纱（吨）	730896		0.91	0.37	1.60	9.12	0.82	61.13	0.72	2.97	14.12	5.09	1.20	20.08
布（万米）	77094	1.13	1.63	4.83	0.21	9.42	1.03	30.26	1.72	11.01	—	38.60	1.09	5.89
绒线（毛线）（吨）	9404	0.22	—	—	0.42	67.31	0.09	27.83	0.85	4.86	—	—	0.00	—
毛机织物（呢绒）（万米）	9085	2.03	—	1.13	1.49	11.18	2.09	87.11	—	—			0.57	—
生丝	2079	2.12	0.00	0.00				—65.70			0.81	34.30		
蚕丝及交织机织物（万米）	1065	0.00	0.01	6.95								93.05		
服装（万件）	103977	1.59	1.60	24.74	1.24	22.16	3.01	12.70	1.67	29.39	1.78	7.31	1.05	3.69
皮革鞋靴（万双）	2784	2.95	0.36	1.47	—5.21	—0.00	0.17	5.06	—	82.94	9.52	5.32		
总量	增长(倍)	增长(倍)	增长(倍)	占比(%)	增长(倍)	占比(%)	增长(倍)	占比(%)	增长(倍)	占比(%)	增长(倍)	占比(%)	增长(倍)	占比(%)
化学纤维（吨）	5106940	3.79	2.63	17.80	2.03	6.85	1.34	10.65	0.00	0.00	5.94	48.51	—	16.19

资料来源：表1、表2资料，根据2006、2011年《苏州统计年鉴》整理计算。表1中行业一指狭义纺织业；行业二指纺织服装、鞋、帽制品业；行业三指皮革、毛皮、羽毛（绒）及其制品业；行业四指化学纤维制造业，纺织产业合计指四类之和。表2基期为2005年，报告期为2010年。

三、苏州市纺织产业发展存在的主要问题

虽然，苏州市纺织产业工业总产值、利润总额和大多数产品产量均实现了倍增，成本费用率也明显改善，但是，苏州市纺织产业也存在以下突出问题。

第一，产业内部结构比例不尽合理，协同效应不显著

从形式上看，苏州市化纤、棉纺、毛纺、丝绸、服装、家纺和印染七个行业都具有一定规模的产能，形成了较完整的产业链，但是也存在产业链协同效应不显著、内在结构比例不尽合理等不足。

（1）行业发展不均衡，制约了产业内部协同效应的形成。例如，"十一

五"期间，全市化学纤维产量增长 2.29 倍（而吴江市更是增长 4.93 倍），是服装业增长最快的行业。但是从产业链后端看，同期染整产能并没有明显提高，纱和布的产量分别增长了 -0.09 倍和 0.13 倍（见表6.2），高附加值的终端配套生产能力不足。从产业链前端看，化纤制造业的设备仍就主要依赖进口。此外，苏州化纤生产原料自给率低，本地化纤产能的超速发展极有可能带动原料市场竞争加剧，上游产品价格的上升。

（2）产品结构不合理，制约了产业内部协同效应的形成。服装业现有各行业之间缺乏内在的有机联系，产品结构不合理，也导致了产业链协同效应并不显著。例如，苏州市具有一定的纱、布、毛机织物生产能力，但是，纤维改性、合成的研究与研究应用能力不足，无法满足高档服装、装饰面料和产业用纺织品的开发利用，多数国际品牌代工产品的面料和配饰本地自给率较低。在未来，服装档次升级加快，苏州市服装业发展对外部原料市场的依赖性将快速提升，市场竞争力将继续衰退。

第二，升级力度滞后于国内外纺织产业发展趋势

（1）产业用纺织品比重偏低。全球纺织业经历了从棉——化纤——服装——服装、装饰、产业三元化的发展趋势。化纤工业阶段是指，在 20 世纪 60 年代，化纤产品凭借其产品特性和价格优势对天然纤维替代程度快速提高，推动了纺织产业规模化生产的发展。而 20 世纪末材料科学的发展又推动产业用纺织品的快速发展。产业用纺织品技术含量高、附加值高和市场潜力大，成为带动全球纺织产业不断升级的主要驱动力。美国、日本、欧洲产业用纺织品产量占纤维加工总量的比重甚至已达 40% 以上。2010 年，我国服装、装饰与产业用纤维消费比重为 51：29：20。而苏州市产业用纺织品发展尚处于起步阶段，化纤行业仍旧处于替代天然纤维的发展阶段。产业用纺织品的比例不仅低于发达国家水平，也低于全国平均水平。从可获得的数据来看，吴江市 2008 年服装、装饰与产业用纤维的比例为 85：12：3，计划到 2012 年这一比例调整为 60：25：15（数据来源：吴江市丝绸纺织业调整振兴规划）。

（2）服装行业发展能力尚需提升。在三元化发展阶段，尽管买方势力进一步增强，但服装行业仍就具有较大的发展空间。只是服装消费的价值诉求由耐用、美观转向品牌、设计、舒适和个性化的方向发展。企业之间由低成本竞争转向品牌、研发和资源整合能力的竞争。当前中国处于服装消费快速增长时期。2005 ~ 2010 年间，全国 200 家重点大型百货商场服装量价齐升，零售额

保持在15%以上的增幅（见表6.3）。2010年，零售额同比增长21.58%，价格和数量分别增长10.38%和10.15%。但是，苏州市在"十一五"期间服装业规模以上工业总产值和产量均低于本市纺织业整体增速（见表1、表2），也低于全国重点大型百货商场服装零售额和零售量的增速。全市总体、常熟、昆山和吴江纺织鞋帽行业固定资产投资完成额2010年均较2005年出现回落。以常熟为例，2010年服装鞋帽行业固定资产投资完成额为6.4亿元，较2005年的17.92亿元，降幅高达64.29%。而且，在服装业品牌市场影响力也呈现相对下降趋势。

表6.3　2005～2010年全国200家重点大型百货商场服装销售情况

	零售额同比增长（%）	销售量同比增长（%）	价格同比增长（%）
2005	25.00	21.40	2.97
2006	18.63	14.95	3.20
2007	23.26	12.07	9.98
2008	18.26	10.32	7.22
2009	15.58	7.38	7.64
2010	21.58	10.15	10.38

资料来源：根据中华全国商业信息中心数据整理

（3）纺织装饰行业发展缓慢。装饰是纺织业现阶段发展的重要领域。其中，国内家纺市场尚处于品牌化消费的初期，尚未形成有影响的全国性强势品牌，具有市场需求潜力巨大、行业集中度不高和竞争相对较弱的特点。近年来，罗莱、富安娜和梦洁等品牌抓住机会，实现了持续高速成长。例如，在2006—2010年间，罗莱家纺主营业务销售收入和利润累计增长2.29倍和3.84倍（见表6.4）。各年利润增长率均超过收入增长率，企业盈利能力大幅提升。同期产品品牌知名度和美誉度也快速提升。此外，国内杉杉、鄂尔多斯、淑女屋等品牌服装企业也尝试发挥品牌和渠道运作优势，积极进入家纺行业。而苏州市纺织业对家纺却重视不够，中国名牌产品"梦兰"在江苏，甚至苏州市都没有形成较强的市场影响力，也没有其他纺织行业进入家纺行业，成功实现多元化经营的有影响的事例。

表 6.4　2006～2010 年罗莱家纺主营业务收入和利润比较

年	2006	2007	2008	2009	2010
收入（万元）	55, 248.80	75, 536.30	90, 268.50	114, 531.00	181, 881.00
收入增长（%）	——	36.72	19.50	26.88	58.81
利润（万元）	14, 124.30	26, 146.90	33, 230.80	44, 369.40	68, 390.50
利润增长（%）	——	85.12	27.09	33.52	54.14

资料来源：根据上市公司年报整理

（4）纺织制造服务业发展落后。在多元化发展阶段，纺织产业社会化分工和企业内部分工更加细化，"纺织制造服务业"已成为产业核心竞争力的关键。但是，苏州市目前尚未形成具有一定社会影响力的流行趋势研究与发布机构、时尚杂志和专业媒体，也缺乏专业的渠道、品牌、物流、供应链规划咨询机构。由于纺织制造服务业发展滞后，本地企业往往需要上海、北京、深圳、厦门等地的机构外协完成相关业务，增加了企业经营的成本和风险，并制约了苏州本地市场形象和行业影响力的提升。

在政府和有关部门政策的激励支持下，苏州市也建立了比较完善的准政府纺织制造服务机构体系。例如大学、企业共建的公共技术服务平台，商会建立的公共检测平台、信息发布平台和技能培训平台等。这些中介服务机构也发挥了积极作用，受到媒体关注。但是，问卷调查结果却显示，各类公共技术服务平台、大专院校及各类研发机构、行业协会（或地方商会）对纺织服装产业升级并没太大的帮助，其作用名列七个调查选项的倒数第三、二、一。

第三，企业研发投入强度不高，自主创新能力不足

（1）企业研发、创新投入增长缓慢。2010 年苏州市"纺织四行业"大中型纺织企业有 R&D 活动的企业数、企业办科技机构数、研发人员、企业办科技机构人员、R&D 经费内部支出合计、政府资金、企业资金等指标较 2005 年的增长速度均低于全市平均增长速度（见表 6.5）。特别是有 R&D 活动企业数占大中型纺织企业的比例由 2005 年的 35.39%，下降到 2010 年的 23.31%。纺织业有 R&D 活动企业数的增速也仅为全市平均水平的 64%。从细分行业来看，只有化纤制造企业多数指标保持了较高增速，而服装鞋帽行业多数指标出现了负增长。从资金来源看，政府对纺织四行业 R&D 经费的投入均出现了负增长。

表 6.5 苏州市大中型纺织企业科研实力与研发经费增长比较 单位：倍

	企业数	有 R&D 活动企业数	企业办科技机构数	研发人员	企业办科技机构人员	R&D 经费内部支出合计	政府资金	企业资金
全市	1.64	1.25	3.36	1.39	4.88	1.44	1.73	1.42
行业一	1.06	0.72	1.89	0.85	2.48	0.92	0.91	1.29
行业二	1.71	1.08	0.44	0.65	0.61	0.43	0	0.44
行业三	1.14	0.67	0	0.46	0	3.09	—	2.98
行业四	1.73	1	2.5	5.4	36.56	2.51	0.72	2.8
纺织业合计	1.22	0.8	1.37	1.24	3.42	1.05	0.83	1.29

注：表中各指标比较的基期为 2005 年，报告期为 2010 年统计年鉴数据。表中"0"表示该指标 2005 年有相应统计数据，而 2010 年没有。

相对于苏州市整体发展状况，大中型纺织企业对技术引进的依赖程度进一步提高，技改和消化吸收能力落后于全市水平。2005～2010 年间，苏州市技改支出占四项经费之比从 60.05% 提高到 70.71%，消化吸收支出占比从 1.05% 提高到 4.61%，引进支出的占比从 35.06% 下降到 19.30%。而同期纺织业技改支出占比却从 66.22% 下降到 64.14%，消化吸收支出占比从 3.68% 下降到 1.56%，而引进支出的占比却由 11.73% 提高到 17.41%（见表 6.6）。

表 6.6 苏州市大中型纺织企业技术改造及引进、吸收占比 单位:%

	技术改造经费支出		技术引进经费支出		用于消化吸收经费支出		购买国内技术支出	
	2005 年	2010 年	2005 年	2010 年	2005 年	2010 年	2005 年	2010 年
全市	60.05	70.71	35.06	19.3	1.05	4.61	3.84	0.05
行业一	75.02	59.32	16.58	16.29	0.23	2.00	8.17	0.22
行业二	31.12	99.75	0	0	15.37	0.25	53.5	0
行业三	—							
行业四	88.62	63.13	5.11	23.96	0	1.13	6.26	0.12
纺织业合计	66.22	64.14	11.73	17.41	3.68	1.56	18.38	0.17

注：表中数值是指各指标值占技术改造经费支出、技术引进经费支出、用于消化吸收

经费支出和购买国内技术支出等四项指标之和的比重。

（2）金融业支持纺织企业技改投入有限。从对吴江市商业银行全面调查的数据来看，吴江市商业银行对纺织业的贷款主要用于弥补流动资金短缺和新建项目。其中，有 9 家银行认为其贷款用于弥补流动资金短缺，占银行总数的 69.23%。有 7 家银行认为其贷款用于新建项目，占银行总数的 53.85%。其余依次为 4 家、3 家和 1 家银行认为其贷款用作技术改造、发放工资、基本建设。而认为技术改造是企业贷款主要用途之一的银行只占 30.77%。

第四，纺织产品品牌市场影响力尚待提高

近年来，苏州市一批龙头纺织企业品牌资产运作管理能力不断提升，共计 14 家企业的 20 个产品成为"中国名牌产品"，是苏州市最集中的产业。一批代工企业，在服务国际品牌的过程中，品牌运作意识和能力逐渐增强，形成了创设自主品牌的发展远景，尝试从加工制造转型集产品研发、加工制造和品牌销售为一体的综合服务企业。例如，群鸿服饰有限公司在 OEM 的基础上，反向收购了境外品牌。锦超服饰有限公司在代理博纳服饰系列品牌国内总经销多年后，在意大利注册了自有品牌澜维奥。

有品牌不等于有品牌资产。品牌资产的核心是指其象征、内涵得到消费者的积极认同，由此产生的知名度、美誉度和忠诚度。目前除了羽绒服外，苏州市纺织产业品牌的总体缺乏市场影响力。以对苏州久光百货、美罗商城、泰华商城三家知名商家网站的宣传调查为例，在 70 个男装品牌、109 个女装品牌、21 个童装品牌和 24 个家纺品牌中，苏州本地品牌只有金仓女装、仙合家纺和堂皇家纺三个品牌。

品牌内涵的培育需要积累、沉淀，但是品牌也面临老化的挑战。苏州市新品牌尚待培育，原有品牌已初现老化迹象。以波司登为例，经过不断创新，波司登羽绒服系列品牌持续保持了较强的市场影响力。但是，2010 年四大核心品牌羽绒服的市场占有率由上年的 38.0% 下滑到 36.7%（注：2009 年以前一直为 39% 以上），品牌羽绒服的毛利率也由 54.1% 下降到 50.4%。其中，拳头品牌"波司登"的市场占有率也由 24.9% 下降到 22.0%（注：2010 年以前为 25%，甚至 26% 以上）。2009 年公司对雪中飞和冰洁重新定位，2010 年销售额有所回升，但是仍旧低于 2006 年的水平（见表 6.7），其市场占有率并没有稳定增长，期间都经历过下滑的历程。

表 6.7　2006～2010 年波司登四大品牌销售情况

	年度	2006	2007	2008	2009	2010
波司登	销售额（百万元）	2594.2	2714.6	2300.1	2900.3	3554.2
	比重（%）	52.1	58.3	61.4	61.9	62.6
雪中飞	销售额（百万元）	1486.2	1047.8	854.8	886.6	1146.2
	比重（%）	29.8	22.5	22.8	18.9	20.2
冰洁	销售额（百万元）	470.0	456.0	213.3	386.4	410.9
	比重（%）	9.4	9.8	5.7	8.2	7.2
康博	销售额（百万元）	486.3	333.1	359.1	526.9	572.5
	比重（%）	7.8	7.2	9.6	11.2	10.1
合计	市场份额（%）	39.9	……	39.5	38.0	36.7
波司登		25.9	……	26.34	24.9	22.0

资料来源：根据波司登股份有限公司年报数据整理

第五，纺织产业渠道营销能力尚待提高

渠道营销能力对纺织产业发展具有重要意义。一般而言，在纺织行业成长阶段的中后期，渠道对市场的影响力甚至会超过成本和品牌，出现"渠道为王"的现象。发达的外贸销售渠道、大量的代工订单和具有较强影响力的专业批发市场曾经是苏州市纺织业发展的重要驱动力。"销售渠道优势"被企业认为是苏州市纺织企业发展第二重要的优势。但是，随着纺织产业高端化发展，其商业模式也在不断创新，苏州市纺织产业原有的渠道优势不断减弱。当前，多批少量逐步取代大进大出，品牌企业通过自建门店增强对市场的快速反映和终端控制能力趋势日益加强，电子商务和网品市场快速兴起，这些商业模式的变化使原先专业市场的规模经济优势、渠道交易功能不断减弱。随着企业自有品牌市场影响力的提升，企业品牌和现有专业市场品牌内涵和定位之间的失调、冲突也将显化，进一步削弱专业市场的品牌价值。

关于销售渠道对企业销售额贡献的认识，纺织企业之间存在较大的分歧。

但就平均水平而言，接单生产仍旧是最重要的销售渠道。其余依次为通过代理商销售、加盟店零售、自有商店零售、自建企业商务网站销售、专业批发市场销售。电子商务和网品市场在 E 时代纺织品营销中的作用将不断提升。苏州市部分纺织企业通过自建或与国内外知名电子商务网站合作，开拓电子商务平台，业绩实现了快速增长，但是，总体而言其作用非常有限，并没有得到多数企业的重视。

另外，专业市场和行业（或商会）电子商务平台的作用也没有得到专业机构评级或本地纺织企业的认可。按照总交易额，东方市场连续多年名列中国纺织品市场第一，常熟服装城名列中国服装市场第一名。近年来，两个市场均投入大量资源发展电子商务市场，并得到省市政府支持，也取得快速发展。但是从其市场影响力来看，东方市场的网络交易平台 PR（PageRank）值为 5 分，全球排名 32 万余名。常熟服装城的网络交易平台为 PR4 分，全球排名 660 万余名（见表 14）。苏州市多数企业认为行业（或商会）电子商务平台对交易额的贡献非常之小（见表 6.8）。

表 6.8　苏州市主要专业市场网页评级及同中国化工网比较

企业	市场线下交易额	PR 值	排名
东方市场	中国纺织品市场第一	5 分	32 万余名
常熟服装城	中国服装市场第一名	4 分	660 万余名
张家港化工品市场	占全国散化市场 60% 份额，名列全国 23 家化工市场的首位	国内版 2 国际版 3	国际版 669 万 国内版 1700 万余名
中国化工网	——	7	9326

注：PR（PageRank）是用来标识网页的等级/重要性的指标。级别从 0 到 10 级，10 级为满分。PR 值越高说明该网页越受欢迎（越重要）。

第六，节能降耗、环保约束与淘汰落后产能压力增大

"纺织四行业"规模以上企业能耗占苏州市的 10% 以上，是苏州市六大高能耗行业之一。2005 年，狭义纺织业能耗高达 0.57 吨标准煤/万元产值，是全市平均水平的 1.76 倍。四个行业的平均水平为 0.39 吨标准煤/万元产值，是全市平均水平的 1.19 倍。经过几年的努力，截止 2010 年，苏州市纺织产业节能降耗效果显著。其中，狭义纺织业万元产值能耗降幅高达 60.89%，占全市能耗平均水平的比重下降 9.12 个百分点，成效非常显著。服装鞋帽和皮革

羽毛行业能耗降幅也高达50%以上。"纺织四行业"规模以上企业万元产值能耗的平均水平为0.17吨标准煤，转变为低于全市平均水平，占全市能耗的比重下降为11.63%，降幅高达7.12个百分点。纺织产业能耗占全市的比重也已经低于工业产值占全市的13.08%。

表6.9　2005年与2010年苏州市规模以上纺织企业能耗比较

	单位产值能耗（吨标准煤/万元）		能耗降低率	2005占全市	2010占全市
	2005年	2010年			
全市	0.33	0.19	42.59	100.00	100.00
行业一	0.57	0.22	60.89	17.57	8.36
行业二	0.07	0.03	55.96	0.67	0.39
行业三	0.09	0.04	56.47	0.19	0.08
行业四	0.05	0.16	−197.69	0.33	2.80
纺织业合计	0.39	0.17	56.98	18.76	11.63

　　根据统计数据，纺织产业万元总产值能耗水平已经低于全市平均水平，仍将其列为高能耗行业有失公允。但是，就内部结构和发展趋势来看，纺织业降耗前景还是存在令人担忧之处。首先，2010年，狭义纺织业、服装鞋帽、皮革羽毛和化纤四个行业固定资产投资完成额分别是2005年的0.99、0.97、0.37、2.75倍。其中化纤行业是唯一固定资产投资完成额增长的行业，而且是成倍增长。但是，化纤行业也是唯一能耗增长的纺织行业，2010年较2005年增长1.98倍。如果单位能耗不能下降，产能又出现井喷式增长，势必提高行业整体能耗水平和能耗总量。其次，2010年，狭义的纺织业占苏州市纺织产业工业产值的55.22%，"十一五"期间纺织产业能耗的明显下降是和其节能降耗效果密切相关的。但是，如果没有新的技术突破，未来狭义纺织业节能降耗的边际效果将不再增加，甚至会降低。而该行业固定资产投资近年基本保持稳定。在这样的条件下，该行业对纺织产业节能降耗的贡献率将降低。如果考虑该行业万元产值能耗仍旧高于全市平均水平的现实，该行业未来可能继续成为纺织产业能耗居高不下的重要原因之一。综合考虑存量最大的行业——纺织业和增量最大的行业——化纤业的未来发展趋势，苏州纺织产业节能降耗仍

旧面临较大的压力。

调查问卷显示，淘汰落后产能是苏州纺织产业发展的重要压力，甚至名列资金短缺压力之前。以盛泽镇为例，《纺织工业调整和振兴规划》中的数据明确表明，到2011年，我国将淘汰涤纶长丝落后产能130万吨，对以涤纶长丝为主要化纤产品的盛泽构成了一定压力。《江苏省太湖水污染防治条例》提出的新要求，对该镇印染行业发展的压力也不容忽视。

第七，产业集聚效应衰退，企业规模优势尚需培育

苏州纺织服装产业布局具有明显的集群化发展特点。张家港市、太仓市被中国纺织工业协会认定为纺织产业基地市（县），此外还有14个城（镇）被认定为纺织产业特色城（镇）。这些特色城（镇）曾经发挥中小企业集聚效应，对苏州市纺织产业发展做出了积极贡献，被誉为"小企业大协作、小产品大市场、小集群大作为"。

但是，多数特色城（镇）的集群效应将逐渐弱化。在纺织行业成长阶段，特别是增长阶段初期以外延式扩张为主，行业前景广阔，对以特色城（镇）的发展提供了有利机会。而当纺织行业进入成熟阶段，企业将向两级分化，出现"强者恒强、弱者淘汰"的集中格局①，市场更有利于拥有产品创新、资本运作、品牌推广、产业价值链整合能力的大企业集团的发展。以常熟为例，该市是中国休闲服装名城和"十二五"纺织产业集群工作试点地区，但是该市2010年较2005年服装年产量仅增长24%，低于苏州市平均增长水平59%，更是大大低于全国200家重点大型百货商场服装销售量104.07%。"十一五"期间该市服装鞋帽固定资产投资总体呈下降趋势，2010年仅为2005年的53%。

纺织产业特色城（镇）的评价指标主要包括该集群的发展特色，集群的产值、企业数等。这一评价体系导致基地市（县）和特色城（镇）仍停留在共享公共平台、专业服务等发展方面，而缺乏通过兼并、战略联盟资本、品牌运作实现企业间有机协调，做大做强的动机，大企业为龙头的产业整合作用并不突出。苏州市多数产业集群地区缺乏具有品牌、渠道运作能力的地标企业，整合当地资源。尽管苏州有少数全国排名前茅的大企业，但是没有快速成长新纺织企业，也缺乏排名居中的大规模企业。在"2009~2010年度中国纺织服装企业竞争力500强"排名中，恒力集团有限公司、东渡纺织集团有限公司

---

① 注：根据第一纺织网，2010年第一季度，1/3的企业实现了全行业90%以上的利润。

和波司登股份有限公司进入前 10 名，但没有企业进入 10～20 名，20～30 名之间也仅有新民纺织科技股份有限公司，江南高纤股份有限公司位列 30～40 名之间。苏州市共计有 5 家企业名列 100～200 之间，14 家企业进入前 200 名。

第八，行业竞争愈趋激烈，企业盈利能力不强

尽管受政策和市场双重利好的影响，苏州市纺织产业 2010 年营业利润总额和成本费用利润率都明显提高（见表1）。但是就横向比较而言，苏州市纺织企业盈利能力并不算高。以服装行业为例，在中国服装协会"2010 年服装行业销售利润率百强企业"评比中，苏州市仅有雅鹿集团股份有限公司、东渡纺织集团有限公司、波司登股份有限公司和青天企业发展有限公司四家企业上榜，且排名仅为 35、43、54、61。以上市公司华芳纺织为例，2008～2009 年间，该公司的毛利率排名和净利率排名均居棉纺行业 8 家上市公司倒数之列。其中，2010 年两项指标均居倒数第二。

表6.10　棉纺行业上市公司毛利率、净利润率比较

年度		毛利率（%）			净利率（%）		
	2008	2009	2010	2008	2009	2010	
1	华茂股份	7.97	8.72	15.96	9.29	4.12	18.75
2	鲁泰A	25.6	30.58	32.53	13.13	14.96	16.22
3	联发股份	18.19	22.78	20.73	6.89	11.78	10.05
4	山东如意	26.7	28.63	29.12	9.5	9.96	8.8
5	华孚色纺	-7.84	18.05	19.72	0.5	5.17	7.86
6	华芳纺织	4.82	2.06	13.39	0.12	-2.88	6.38
7	孚日股份	21.19	17.93	18.7	3.9	3.32	4.4
8	新野纺织	12.46	8.87	12.43	2.34	1.7	3.74

化纤行业是苏州市近年产值增长最快、固定资产投资完成额最大、2010 年盈利最多的纺织行业，但该行业整体竞争力并不高，也不具有较强的市场议价能力。2000 年以来，中国纤维生产总量快速增长，大大超过了人均纤维消费量（见表18）。特别是在 2010 年，受多种利好影响，化纤行业出现了十年一遇的景气行情，行业盈利水平实现了整体高速增长。受利好因素激励，当年全国化纤行业投资激增。其中，江浙两地 2011 年上半年新增化纤产能 60%，

吴江地区同比增长 48.9%。产能的超速增长，导致上游原材料供应紧张，下游需求相对下降，化纤行业议价能力缺失，盈利能力下降。其中 2011 年 1 ~ 5 月，吴江市有 482 家企业统计亏损，同比增长 152%。企业亏损总额 1.4 亿元，同比增长 105%①。尽管亏损企业其中 80% 为中小纺织企业，但是大企业的盈利能力也明显下滑。以新民科技股份有限公司为例，2010 年该公司主要产品差别化，涤纶长丝产品价格同比提高 34.18%，而同期主要原料聚酯切片仅上涨 23.64%，产品与原料价格差的扩大成为该产品毛利率近乎翻倍的主要原因。但是，2011 年上半年产品与原料价格差却出现了逆转，化纤丝均价同比涨幅仅为 18.23%，远不及原材料 31.38% 的涨幅，从而大大降低了差别化涤纶长丝产品的毛利率。考虑纺织行业面、涤纶和黏胶的不完全替代性，如果没有新运用领域的扩展，化纤行业未来产能过剩的现状可能趋于加剧，稳定企业盈利能力将面临新的挑战。

表 6.11　新民科技 2010、2011 年盈利能力比较

项目	2009 年 1 ~ 6 月			2010 年 1 ~ 6 月		2011 年 1 ~ 6 月
	毛利率	毛利率	同比（%）	毛利率	同比（%）	
化纤丝	10.49%	15.72%	5.23	10.20%	−5.52	
丝织品	16.82%	17.73%	0.91	17.56%	−0.17	
印染加工	14.75%	15.01%	0.26	16.72%	1.71	
其他	15.67%	13.69%	−1.98	1.52%	−12.17	
综合毛利率（%）	12.63%	15.95%	3.32	10.74%	−5.21	
原材料采购类别	价格	价格	同比（%）	价格	同比（%）	
化纤切片平均单价（元/吨）	6,688.47	8,581.25	28.30	11,274.32	31.38	
桑蚕丝织造原料平均单价（元/公斤）	156.58	240.38	53.52	351.32	46.15	
其他织造原料平均单价（元/公斤）	20.6	24.08	16.89	34.08	41.53	
产品类别	价格	价格	同比（%）	价格	同比（%）	
化纤丝平均单价（元/吨）	9370.29	12526.93	33.69	14811.16	18.23	

---

① 数据来源，中国纺织行业协会，2011 年上半年长丝织造行业经济运行分析。

项目	2009 年 1~6 月	2010 年 1~6 月		2011 年 1~6 月	
	毛利率	毛利率	同比（%）	毛利率	同比（%）
真丝织品平均单价（元/米）	19.76	20.57	4.10	27.89	35.59
其他丝织品平均单价（元/米）	6.9	7.16	3.77	7.74	8.10

资料来源：根据新民科技《2011 年半年度报告全文》整理计算

第三节 纺织产业转型升级发展的对策

一、转型升级发展的目标与定位

（一）转型升级发展的目标

确定纺织产业转型升级发展的目标，首先，应以消费者利益为核心，培育正确的产业发展价值观和社会责任意识；其次，应以品牌、渠道、科技和设计等环节为重点，提升纺织制造业的竞争优势；第三，应通过纺织制造业和纺织服务业的融合发展，发挥协同效应，消除纺织产业发展的弱项。

综合纺织产业发展实际情况和纺织产业国际发展趋势，短期内，纺织产业的发展目标可以概括为：以持续推动和改善人类的生活质量为导向，积极推进纺织产业全行业转型升级发展战略实施，促进产业在调整中发展与升级，向科技创新、设计创新和品牌营销等价值链高端延伸，走品牌引领、创新驱动、绿色生态的纺织产业发展之路，推动纺织产业链的整体价值提升，实现纺织产业由大到强的转变，提升纺织行业在全球的优势产业形象与产业竞争地位。

（二）转型升级发展的任务

纺织业的发展演变经历了以"数量和低成本"竞争为主的"价格导向型"模式，以"营销和低价格"为主要因素的"市场导向型"模式，以"高质量，多品种，高附加值和市场快速反应"为竞争的"技术导向型"模式，和"以高新技术为导向、以品牌竞争为焦点"的"产品市场"模式等多个阶段。

实现纺织产业竞争模式的转变和纺织企业转型升级发展的目标，"十二五"期间，纺织产业转型升级发展的主要任务应为：促进研发、时尚创意设计、品牌渠道规划等纺织制造服务业和纺织制造业的融合发展，大力培育一批具有品牌设计、技术研发、营销渠道建设竞争优势的纺织制造企业，实现产业竞争优势从生产加工环节向产品创新、市场影响和资源整合转型，从低成本低价格战略向品牌差异化战略转型，从土地、劳动力、环境的高投入驱动的发展方式，向技术创新、设计创新和品牌渠道驱动的发展方式转型。

二、转型升级发展的思路

"微笑曲线"意义上的升级是指产业内的升级，属于产业升级的狭义范畴。广义的产业升级包括流程升级、产品升级、功能升级和部门升级四个方面。

（一）流程升级及其发展重点

流程升级是指通过新型织造技术和新型印染技术的应用，以及采用更有效的生产组织方式，提高生产效率。纺织产业转型升级发展应重点关注：①加大技术改造力度，提升纺织产业的装备水平、信息化水平，以及生产工艺和流程的创新；②加强新能源技术的开发应用，突出可再生性和低污染性，提高纺织工业生产中的能源综合利用率；③强化污废治理技术和节能技术的推广应用，促进轻纺工业清洁生产；④实现由生产导向型企业组织结构向市场导向型的事业部、矩阵式企业组织结构转变，强化企业研发、市场和快速反应功能。

（二）产品升级及其发展重点

产品升级是指通过技术创新、设计创新，提供比竞争对手更具有市场竞争优势的新产品，增加产品附加值。纺织产业转型升级发展应重点关注：①提高技术创新能力，鼓励开发智能化、功能化、高档次的纺织产品；②引导创造纺织制造业与纺织服务业的融合发展，培育一批具有国际知名度和影响力的设计公司、设计师、品牌营销策划高端人才，加强设计、策划、咨询、会展业对纺织业的服务，提高纺织业的时尚创意创新能力；③完善轻纺工业标准体系，积极承担或参与制修订行业标准、国家标准和国际标准。

（三）功能升级及其发展重点

功能升级是指从"微笑曲线"低端的贴牌生产，向"微笑曲线"高端的自主设计、自主制造、自有品牌发展，获取更多附加价值。纺织产业转型升级发展应重点关注：①以提升品牌资产价值为导向，深化自主品牌建设工程，做强优质品牌，培育新品牌，不断扩大品牌影响力和品牌产品的市场占有率；②发挥品牌资产的资源整合能力，推动总部经济发展；③支持品牌企业通过股权运作、品牌收购、渠道整合、战略联盟建设等途径，提升本地纺织产业集中度和市场势力。

（四）部门升级及其发展重点

部门升级是指把某一领域获得的能力或优势应用于新的领域，甚至转向新的价值链。纺织产业转型升级发展应重点关注：①推进以高新技术纤维、可再生纤维、复合型纤维和柔性复合材料等关键技术的研发和产业化；②支持纺织产业与汽车、装备、造船、航空航天等行业对接合作，提高轻纺产品在高新技术产业化项目中的配套能力；③注重文化内涵挖掘，支持服装、苏绣、丝绸等传统产品向收藏品、艺术品等资本知识密集型产品发展。

三、纺织产业转型升级发展的动力

（一）实现买者驱动和生产者驱动的协调发展

价值链分配规律是产品设计、原料采购、物流运输、订单处理、批发经营、终端零售等环节得到总价值的绝对多数利润，而加工制造环节耗费了大量的资源，却只赚取了微薄的利润，存在较大的可持续发展风险。就产业内升级而言，产业转型升级是指从产业链低端的加工制造能力向前段的研发设计和后端的品牌渠道市场营销能力的转变，产业升级包括生产者驱动（P-GVC）和买者驱动（B-GVC）两种模式。把某一领域现有优势转向新的价值链实现部门升级，一样依赖生产者驱动和买者驱动。

（二）纺织产业转型升级发展的拉力：买者驱动

就服装、装饰和服饰面料行业而言，实现功能升级、产品升级和流程升级都对买者驱动具有较高的依赖度，特别是品牌渠道建设是典型的买者驱动升级模式。知名品牌服装和服饰产品的增值主要来源于品牌设计和营销渠道。目前中高档纺织产业价值分配的一般规律是，生产加工约占价值的10%，渠道约占价值的55%、品牌约占价值的35%。此后，随着行业成熟度的提高，生产加工的低成本优势、渠道的便利优势呈依次递减趋势，而品牌的竞争优势将不断提升，品牌占价值的比重呈增长态势。当前，国内服装、装饰和服饰面料行业已经进入以品牌和资本为纽带的资源整合阶段，纺织产业应促进时尚创意、设计、品牌建设和渠道规划等纺织制造服务业的发展，实现同纺织制造业的融合。

（三）纺织产业转型升级发展的推力：生产者驱动

实现部门升级、产品升级和流程升级都对生产者驱动具有较高的依赖性，特别是部门升级具有典型的生产者驱动特征。在生产者驱动的价值链中，价值链的核心体现在研发、生产能力上。掌握关键技术和研发能力的领先公司制定规则、标准的实施，获取价值创造的绝大部分。纺织业应通过合资、合作、引入人才和并购等方式，快速嵌入研发环节，增强纺织业生产者驱动的势力。

四、纺织产业转型升级发展的对策

（一）支持自主创新和技术改造，提升技术驱动的产品创新能力

首先，有效落实国家、省部委支持政策。①及时有效地将国家和省、市出台的各项奖励扶持政策落实到位。②积极鼓励、引导和帮助纺织企业创建国家、省级技术中心，申报高新技术企业。③积极鼓励、引导和帮助纺织企业争取国家、省技术创新和技术改造重大科技项目。④充分利用企业研究开发费加计扣除、购置生产性设备抵扣增值税等优惠政策。

其次，构建良好的地方政策环境。①在各级工业转型升级专项资金中安排一定资金用于纺织产业的提升发展，支持有一定规模的企业建立技术研发中心。②鼓励各地区设立纺织产业技术改造专项资金，对相关项目给予重点扶持。③发挥产业规划的顶层指导作用，提高纺织行业进入的技术门槛，创造有利于自主创新的竞争环境。④积极鼓励、引导和帮助纺织产业集聚重点区域建立专业性的行业技术联盟和公共技术服务平台等。

第三，关注财税政策的杠杆作用。当前，各地区政府应密切关注财税政策的间接作用和杠杆作用，激励企业和金融机构加大对科技创新的投入力度，提升金融资本、产业资本和技术发明高效融合的动力，建立起以企业为主体的自主创新体系。例如，通过完善的财税激励政策，鼓励大企业发挥融资优势、产业化优势，建立紧密的"产、学、研、用"相结合的研发机制，加强新材料、新工艺等关键技术的研发和产业化，赞助纺织产业基础理论研究。

（二）鼓励时尚创意和设计创新，实现纺织制造服务业跨越式发展

时尚创意和设计创新是服装成衣、家纺等消费类时尚纺织产品竞争力的重要来源，也是中小企业"专、精、特、优"的发展方向。为了提升纺织企业设计创意驱动的产品创新能力，一方面，通过重点立项资助，引导和帮助本地创意设计、品牌渠道规划、咨询策划、商业地产和纺织金融等价值链高端环节的发展，进行技术先进服务企业认定，实现消费类时尚纺织产业链的升级。另一方面，引导国内纺织制造企业和巴黎、东京等地设计机构和时尚中心的交流合作，通过干中学，提升企业战略规划、市场调查、品牌运作、渠道建设等能力。

此外，部分纺织产业具有丰富的文化内涵和艺术特色。例如，苏州是著名的"丝绸之府"，丝绸业是苏州最具特色的传统产业。苏绣、宋锦、缂丝已被列入国家非物质文化遗产。但是，苏绣、丝绸作为苏州"代名词"的作用不断衰退。在应鼓励企业采用现代的技术改造传统工艺流程的同时，还需倡导企业"守旧"式"创新"，资助企业发掘、发展濒临失传的特色工艺，注入文化和艺术内涵，提升质量档次和产品形象，实现从技术密集型产品向艺术创意型产品的转型。

（三）促进品牌资产和营销渠道建设，创新纺织企业商业模式

第一，支持企业提升品牌资产价值，增强市场势力。目前国内以大众品牌和中低端产品为主，虽然部分定位高端，但品牌影响力尚未形成。在国内消费者的认知中，多数品牌尚未建立与时尚、潮流等代名词之间的稳定联系。城市定位缺失已成为制约苏州纺织业品牌资产建设的重要因素。提升城市在消费类时尚纺织品认识中的产业形象，有助于城市自主品牌的发展。

当前需重点关注以几个方面：①积极组织国内外的名企、名牌、名师、名模进行展示交流，带动服装设计界的原创品牌经营能力，通过纺织产业信息发布和流行时尚展示，提升地域品牌形象和产业知名度；②有选择地引进国内外知名品牌到中国投资落户发展，发挥经营管理、技术创新、品牌建设等方面的先进示范作用，用名牌引导市场，以市场带动产业，提高整个行业的档次和水平。

第二，实施技术标准先行策略，促进产业用纺织品渠道建设。产业用纺织品技术含量高、附加值高和市场潜力大，成为带动纺织产业不断升级的重要增长极。提高产业用纺织品比重，发挥"世界制造中心"的区位优势，鼓励纺织企业协同汽车、医疗、装备、造船、航空航天等行业制定相关技术标准，加强产业间的对接合作。财政和国企应优先采购符合技术标准和质量规定的本地产业用纺织品产品，提高轻纺产品在高新技术项目中的配套能力，扩大市场份额。

第三，支持电子商务平台市场拓展，培育适应 E 时代特点的营销能力，使电子商务和网品市场在 E 时代纺织品营销中的作用不断提升。一方面，政府应支持有条件的企业独立建立电子商务平台，或者联合第三方电子商务服务企业开展电子商务应用，建立网上专业市场。另一方面，鼓励企业营销模式创新，建立适应电子商务发展的商业模式，缩减产品流通环节，增强对终端市场

的控制能力和反应速度。

（四）严格执行节能环保标准，实现绿色织造和包容性增长

淘汰落后生产工艺技术及高耗能、高污染设备，应注意存量调整和流量调整相结合，制度建设和技术创新相结合，激励和约束相结合，处理好节能环保与发展的关系，按照节水、节能、节地的要求，实现包容性增长。

当前应关注以下五个方面：①产业政策应制定严格的准入标准，从源头上削减污染。银行应严格执行环保授信"一票否决制"，限制对高耗能、高污染生产线的投资，改善资本流量结构；②严格按照国家产业结构调整政策和太湖流域环保新标准，通过税收、专项资金预算，鼓励企业加大对高耗能、高污染设备的淘汰，实现存量结构调整；③支持企业推行新节能技术、新节能工艺和新节能设备。技术降耗是实现包容性增长的关键途径。例如，新民科技在差别化纤维项目中采用了国际领先的多头纺织技术，可使电耗下降 35%～40%；④倡导企业形成节能减排、清洁生产的文化氛围，积极通过国内外权威机构的绿色认证和清洁生产认证；⑤尝试发展碳金融、排污指标有偿使用和转让制度，完善运作机制。

（五）鼓励并购和联盟战略，提升产业链协同效应

企业资本实力和资源整合能力是成就品牌竞争优势的核心。兼并重组不仅是纺织企业做大做强的必由之路，也是纺织行业进行调整的有效途径。兼并重组不仅能提高行业的集中度，也有利于形成产业链协同效应。各级政府在"纺织产业调整和振兴规划"中都把纺织业并购重组作为应对措施之一。近年来人民银行和银监会也积极推动并购融资发展。

为了推动纺织产业组织结构调整，实现产业链协调效应。

第一，引导本地企业通过兼并重组、联盟合作等途径，加快品牌优势企业做大做强，提高产业集中度，发挥名牌企业在行业中的影响作用和带动作用，树立纺织织造的良好形象，提高地区知名度。

第二，鼓励品牌优势企业进行跨地区并购和战略联盟，整合全国乃至全球优势资源，纤维生产和纺织行业应重点提高纺织原料的生产配套能力。①鼓励对 PX、MEG、CPL、棉花等原材料生产企业的并购整合，稳定原料供给的量价；②鼓励对麻、竹等非棉天然纤维及新溶剂粘胶、聚乳酸等再生资源纤维生产企业的并购和联盟，实现原料结构多元化；③鼓励上海、深圳、北京等一线城市对那些劳动力资源丰富的省份具有较强制造能力企业实行并购或联盟。对

于纺织服装和装饰行业，则应在稳定发展生产优势的基础上，向面辅料生产、研发设计、会展、广告策划、媒体杂志、规划咨询以及其他配套环节延伸，鼓励有条件的纺织企业"走出去"，并购具有技术、市场、品牌、渠道等资源的境外企业，或结成战略联盟，大力推进品牌国际化经营。④鼓励企业实施品牌运营战略，创新商业模式，发展总部经济。

（六）提升银行业务能力，完善金融组织结构

在各级政府制定的纺织工业调整和振兴或计划中，都把"加大对纺织企业的金融支持"作为政策措施及保障条件之一。2009 年，中国人民银行和其他五个部门制定的《加快推进服装家纺自主品牌建设的指导意见》也将"为服装、家纺自主品牌建设提供金融服务"作为主要的对策措施之一。金融机构在坚持"安全性、流动性和盈利性"的经营目标下，对纺织业的调整与发展给予了积极有效支持。但是，金融支持纺织业发展还需有多方面的突破。

第一，要提升专业研究能力，建立纺织产业信贷预警体系。商业银行应该进一步提高对纺织业市场的把握能力，从传统的内部管理转型为市场为导向的服务管理模式。通过建立纺织产业信贷预警体系，增强对系统风险的控制能力，提高信贷支持纺织业发展的主动性。

第二，深化信贷和中间业务创新，提升产品市场推广能力。目前，"补充企业流动资金短缺"是纺织企业贷款的主要用途之一。这一结论具有合理性，也符合银行业内贷款一般规律，但是，通过合理利用信用工具和金融创新，还可以改善企业流动资金的使用效率。在未来，包括研发、设计、物流、融资、租赁、咨询等在内的纺织制造服务业是苏州市纺织业发展的重要方向之一。和传统的制造业相比，纺织制造服务业存在较大行业特殊性，银行要加强对信贷产品的研究开发，完善信贷流程，提供及时、高效的金融服务，满足多样化服务的需求。

第三，丰富金融组织体系，健全金融服务功能。不同类型的金融组织机构具有不同的功能和经营目的，决定了与之匹配最优服务业务领域的差异。商业银行的基础功能是信用中介和支付中介，其经营目的是安全性、流动性和盈利性。银行要求贷款企业具有相对稳定的现金和较强的偿还能力，并且能够提供足够的抵押物或担保品。"提升自主创新能力"是纺织业未来发展的重点内容。但是事实证明，即便是已经具有一定规模的科技型企业的发展，也同样面临较大的技术风险、市场风险与财务风险，其不确定性往往也超出商业银行的

可控能力范围。同样，商业银行固有的功能和经营目的也决定了贷款企业的财务状况、经营状况和抵押担保对银行贷款决策的重视程度远高于企业创新能力和产品附加值大小，市场化尚未成熟的产品很难成为贷款的重点投向。此外，房产设备抵押、担保公司担保、第三方担保是商业银行最普遍的贷款方式。在这种典型的银行经营模式下，处于经营初创期的企业、以品牌渠道为核心竞争力的轻资产企业存在较大的贷款融资困难。因此，推进纺织企业品牌渠道升级、总部经济发展和自主创新，需要拓宽融资领域，改变企业对银行贷款过度依赖的传统思想。苏州市应积极探索股权投资基金、融资租赁等融资渠道，实现金融组织体系的多元化，健全金融服务功能，满足不同主体的融资需求。

（七）加强对行业协会和公共服务平台的考核，实现建设和考核并重

行业协会和公共服务体系是提升产业集群整体竞争能力的重要环节。国内纺织产业已经建立了一定数量的企业技术研发中心、博士后工作站、产学研联合的技术研发中心和公共技术服务平台。在纺织产业集群的地区，各级政府还积极支持面向中小企业的公共服务平台建设，建立了环保、监测、信息等公共服务体系。不断健全的行业协会和公共服务体系，对纺织产业发展产生了有益的帮助。但是就总体而言，纺织企业对行业协会和公共服务平台的满意度尚待提高，认为其对实现"技改与创新"和"产业升级"的帮助并不大。因此，为了更好地发挥行业协会和公共服务平台的作用，苏州市还需完善对行业协会和公共服务体系的绩效考核体系，强化考核过程，实现建设和考核并重。

（八）实施"引进"、"培养"和"用人"并重措施，提供智力保障

研发人才是转型升级技术的提供者，企业家是将技术转化为一个新产品并形成产业的关键。因此，培育发展战略性新兴产业，就必须建立有效的人才"引进"、"培育"和"使用"机制。为了促进纺织产业转型升级发展，应不断完善人才引入、培育和奖励制度，不断更新观念，进一步提升政策的效果。首先，有关部门应结合纺织产业发展的趋势，进一步梳理现有政策，逐步形成符合产业特点和顺应国际化要求的人才政策体系，实现人才引进措施向战略性新兴产的倾斜。并跟踪和分析人才引入政策实施过程中遇到的新问题、新情况，建立及时的信息反馈制度，调整现有政策完善实施细则，从而制定新的人才引进策略。其次，鼓励企业深化人才培育方案的改革，提升人才"培育"能力。目前，纺织产业升级转型相关高层次技术和管理人才紧缺，师资不足是全国普遍现象。国内经济发达地区应该发挥本地企业全球化融入水平高的优

势，同国内外知名企业和研究机构建立人才培养关系，提升自身"造血"功能。另一方面，应根据纺织产业的人才需求的规律，鼓励在有关高校和研究机构，加强相关学科建设。

此外，人才"引入"和"培养"固然重要，人才数量和结构指标并不是"人才战略"的最终目的，发挥人才的才智才是根本目的。企业作为用人主体，应积极探索建立以绩效和市场为主导、人力资本和技术入股等为主要形式的多种分配和激励机制，加大要素分配力度，激发创新型人才的积极性和创造性。此外，"引智"并不完全需要"引人"，可以是通过"外协"的方式"引智"，也可通过"走出去"方式"引智"。

第七章

发展新兴产业促出口转型升级

加快培育和发展战略性新兴产业，尽快形成新的经济发展新动力，构建知识密集度高、能源资源消耗少、市场需求潜力大、社会经济综合效益好的现代产业体系，对于培育国际竞争新优势、掌握经济发展主动权和调整优化产业结构具有重要意义。2011年10部委联合出台了《关于促进战略性新兴产业国际化发展的指导意见》，认为增强企业国际竞争力，不断拓展战略性新兴产业的国际化发展空间，是培育和发展战略性新兴产业的重要选择。但是，从创意到形成国民经济主导产业，战略性新兴产业的培育与发展要经历多个环节，期间存在多种不确定性，具有复杂性和高风险性。在战略性新兴产业发展阶段，我国公共管理机构管理者和企业家将面临从技术追随者角色向同行者角色的转变，将面临众多新问题和新挑战，需要政府管理部门从战略性新兴产业的本质出发和借鉴国外经验，兼顾系统性原则、动态性原则、比较优势原则和阶段性原则，促进战略性新兴产业实现跨越式发展。

第一节　新兴产业发展对出口转型升级的意义

根据产业演化理论，技术创新是驱动产业演化的根本动力。新技术革命孕育新兴产业群，并使之成长为新的经济增长点，实现生产要素重组，带动经济走出衰退阶段，进入繁荣阶段。纵观历史，以蒸汽机、电力、计算机、原子能等革命性发明为基础的新兴产业都对世界经济的增长和发展模式的转型产生了决定性影响。新兴产业具有市场前景广阔、资源消耗低、带动系数大、就业机会多、综合效益好的特点，是促进产业结构优化升级的必然选择。"十二五"期间，调整经济结构是我国加快经济发展方式转变的主攻方向，发展战略性新兴产业也将是我国经济转型和持续发展的治本之策。《国务院关于加快培育和发展战略性新兴产业的决定》指出，"加快培育和发展以重大技术突破、重大发展需求为基础的战略性新兴产业，对于推进产业结构升级和经济发展方式转变，提升我国自主发展能力和国际竞争力，促进经济社会可持续发展，具有重要意义。"

2010 年以来，国务院和多地政府都提出了培育发展战略性新兴产业的目标和任务，提高了全社会对培育发展战略性新兴产业重要性的认识，并提供了政策依据。战略性新兴产业和我国产业国际竞争力之间存在紧密的互动关系。一方面，发展战略性新兴产业是我国出口产业转型升级，转变外贸发展方式的重要方向和内容。根据 2012 年商务部发布的《对外贸易发展"十二五"规划》要求，"十二五"期间，要坚持在稳定增长的同时优化外贸结构，促进贸易平衡，实现外贸可持续发展。而优化出口产业和商品结构的内容之一是大力发展新兴出口产业，推动战略性新兴产业国际化。另一方面，提升战略性新兴产业的国际竞争力，也是实现战略性新兴产业发展目标的必然要求。2012 年商务部、发展改革委、科技部等 10 部委《关于促进战略性新兴产业国际化发展的指导意见》提出"促进战略性新兴产业国际化发展就是要把握经济全球化的新特点，逐步深化国际合作，积极探索合作新模式，在更高层次上参与国际合作，从而提升战略性新兴产业自主发展能力与核心竞争力"。《意见》提出发展战略性新兴产业要统筹国内、国际两个市场，促进对外贸易快速增长。战略性新兴产业国际化发展的工作目标之一是："积极支持具有知识产权、品牌、营销渠道和良好市场前景的战略性新兴产业开拓国际市场，促进我国战略性新兴产业对外贸易快速增长"。

第二节　支持新兴产业发展的理论

一、战略性新兴产业释义

战略性新兴产业是一个全新的概念，该领域的理论研究尚处于起步阶段，并没有严格的学术概念。目前关于战略性新兴产业内涵和范围的研究主要是从以下三个方面展开的。

（一）基于国家竞争战略理论的研究

从国家竞争战略角度看，当前影响较广泛的解释是根据 2009 年新兴产业发展座谈会讨论内容和《国务院关于加快培育和发展战略性新兴产业的决定》

等文件进行的阐述。例如，中国科技发展战略研究小组（2011）认为"战略性新兴产业体现国家战略需求，关系到综合国力、经济竞争力、科技实力和国家安全，是新兴科技和新兴产业的深度结合，可能引发新一轮产业革命的产业，是具有广阔的市场背景和科技进步能力的先导性产业，具有很强的战略性、知识密集性和高端性，对经济可持续发展和结构转变、保障国家安全起领航和支撑作用。①"该解释综合了战略性新兴产业提出的背景和国家领导人、政策文件的有关阐述，从战略性和新兴性两方面剖析了战略性新兴产业的内涵。根据该课题组的研究成果，战略性新兴产业应具有国家战略必争性、突破性、创新驱动性、先导性和动态性等五个特点。

（二）基于产业演化理论的研究

从产业演化理论研究的角度，国内研究人员从对一般性新兴产业、基础产业、主导产业、优势产业、支柱产业、瓶颈产业的比较出发，对战略性新兴产业的外延和特点进行了识别。在理论界，关于战略性产业、新兴产业、主导产业和支柱产业等相关概念已经形成了较有影响的经典结论。例如：A. O. 赫希曼、保罗·克鲁格曼、吕政（2004）、万钢（2010）都曾提出了战略性产业的含义。波特（1990）、苏东水（2000）曾对新兴产业进行了诠释。罗斯托曾对主导产业、支柱产业的特点和作用进行了比较分析。在这些研究的基础上，肖志兴（2011）比较了战略性新兴产业同其他产业的相似与区别，并指出在每轮经济周期内都存在着战略新兴产业——主导产业——支柱产业——基础产业循环更替的转变规律②。

中国科技发展战略研究小组则研究了一般产业、新兴产业、主导产业以及支柱产业之间的进化规律。研究结论认为由于技术进步导致某产业快速发展，成为新兴产业；随着新兴产业的快速发展，其规模不断扩大，对其他产业产生重要的拉动作用，进化为主导产业；主导产业经过一段时期的发展，市场和技术发展速度逐渐放缓，进入规模经济阶段，形成支柱产业③。课题组也指出这并不是必然的结果，只有少数新兴产业能够发展成为主导产业或支柱产业，而

---

① 中国科技发展战略研究小组．中国科技发展研究报告 2010（M）．北京：科学出版社，2011 年，P24

② 肖兴志．中国战略性新兴产业发展研究（M）．北京：科学出版社，2011 年，P5

③ 中国科技发展战略研究小组．中国科技发展研究报告 2010（M）．北京：科学出版社，2011 年，P28

战略性新兴产业则必须具有成为主导产业和支柱产业的势能。

（三）基于产业选择方法的研究

还有研究人员从战略性新兴产业选择标准和指标体系构建的角度出发，对战略性新兴产业的具体所指进行了界定，为政策制定提供科学依据。持有该观点的研究人员认为，概念的清晰并不是最重要的，或者现阶段还无法给出，当前重要的是确定战略性新兴产业的正确的技术路线，大力支持其发展。从研究结果看，尽管战略性新兴产业不是"战略性"和"新兴性"的简单叠加已成为共识。但是，选择标准的确定却仍旧是从这两个方面进行的，并无根本性的突破。一方面强调对产业的带动力、就业的吸纳力和经济增长的贡献，另一方面又强调其必须代表未来科技发展前沿和代表产业发展趋势。

关于在战略性新兴产业选择的定性研究，其理论依据多借鉴产业关联理论、动态比较优势理论、广义经济效益理论、优势产业选择理论。在定量方法方面，主要有投入产出法、数据包络分析法（DEA）、神经网络法、聚类分析法。但是有关战略性新兴产业统计的样本不足和相关统计制度的缺失，限制了这些计量方法的使用。层级分析法和德尔菲法是目前实际工作中可行的方法。总之，从公开资料来看，目前关于指标和评价体系的研究仍旧处于定性分析阶段。

二、政府扶持战略性新兴产业发展必要性的理论

（一）培育国家竞争战略的需要

战略性新兴产业属于一国的重大战略部署，不仅事关国家产业安全，也是一国政治、经济、科技文化多方面诉求的集合体。根据国家竞争优势理论，适宜的创新机制和充分的创新能力才是赢得国家竞争优势的关键。一国要保持长久的国际竞争优势就不能仅仅依赖自然禀赋优势，而必须要掌握推进要素（promotive elements，是指通过投资与发展而创造的要素）。在经济全球化时代，许多国家都采取积极措施来提升推进要素的发展。特别是在金融危机之后，培养发展"战略性新兴产业"已经成为占领国际竞争制高点的重要政策之一。

（二）克服市场失灵的需要

战略性新兴产业具有明显的外部性和高风险性，需要政府干预来规避"市场失灵"。战略性新兴产业属于知识密集型产业，具有明显的新知识和新技术溢出效应，能够产生显著的社会效益，且有公共产品达到特性，需要政府

的调节、规范和制约。此外，战略性新兴产业在研发产品试制、市场化各个环节都存在较高的风险、完全依赖市场机制很难实现资源的最优化配置。为了避免市场失灵，需要政府发挥公共政策的作用，进行激励与调节。

（三）构建经济发展新增长极的需要

根据波特（2002）提出的钻石理论模型，一个国家的产业竞争力主要取决于产业内部的四大要素和政府、机会两个外部变量。产业内部四个要素和两个变数相互作用、相互影响构成了一个钻石体系，共同决定了该产业竞争力的水平。为了提升新兴产业的国际竞争力，政府公共政策应着眼于其对"生产要素"、"需求条件"、"相关产业和支柱产业"和"企业战略、结构和同业竞争"的影响，发挥引导、激励、服务和规范的作用。

三、国外扶持战略性新兴产业发展的实例

20 世纪 70 ~ 80 年代，美国通过重点扶持微电子、计算机设备、软件和因特网技术、信息服务和航空航天等优势产业，加快了高新技术成果的商品化和产业化，成就了美国经济持续增长的"新经济"阶段。2008 年金融危机以来，美国政府先后出台了一系列重大举措，重点支持新能源和环保产业、信息和互联网产业、生物和医疗产业、空间产业和海洋产业的发展，希望通过政府的支持促进其快速发展，带动整个国家的经济增长，确保美国在未来创新竞争中的优势。

主要欧盟国家英法德及部分北欧小国历来都对科技与创新给予高度关注，其效果也得到社会的普遍认可。例如：德国工商总会的一项研究报告就表明，到 2008 年年底，近 1/3 的企业将自己的创新归功于政府的研发和创新政策①。2008 年金融危机以来，更是采取多种政策手段力促科技与经济融合，实现"创新 – 研发 – 生产"的有机结合，促进新兴产业发展，提升本国在新一轮世界经济发展中的竞争力。

以美国和德国为例，政府扶持战略性新兴产业发展的政策主要包括国家战略、财税政策、金融政策、科技政策、中小企业政策等五个方面。例如，2006年通过《德国高新技术战略》和 2010 年通过《思想·创新·增长——德国2020 高新技术战略》就从国家战略层次明确了战略性新兴产业发展的目标和

---

① Bundesministerium für Bildung und Forschung（BMBF）. Ideen. Innovation. Wachstum—Hightech – Strategie 2020 für Deutschland. http：//www. bmbf. de/pub/hts_ 2020. pdf

任务。美国政府通过预付货款和政府采购对飞机、核能、计算机、半导体、因特网、航天工业和大规模制造起到了积极作用。其中因特网从研发到商业化，得到了美国国防部近 40 年的支持。在扶持小企业发展方面，自 1953 年，美国《小企业法》发布以来，美国出台了《小企业风险投资计划》、《小企业创新研究计划》等保护和支持小企业发展的政策，并成立了永久性联邦机构小企业管理局（SBA），有效支持小企业发展，产生了微软、英特尔、苹果、思科等知名企业。

四、扶持战略性新兴产业发展的政策选择原则

理论和实践经验均表明，政府对于战略性新兴产业的支持是一个长期的过程，通过税收政策、金融政策、科技政策和小企业政策等，政府支持对于培育发展战略性新兴产业培育具有重要意义，有利于实现"创新－研发－生产"的有机结合，促进新兴产业发展，提升一国在新一轮世界经济发展中的竞争力。而政府支持战略性新兴产业发展需兼顾系统性原则、动态性原则、比较优势原则和阶段性原则等四个方面。

（一）系统性原则

战略性新兴产业发展要经历创意、研发、产品开发、工艺创新、产业配套、产业链和商业模式形成等多个环节，才能具备实现向国民经济主导产业迁移的条件。为了保证以上各环节的顺利推进，借鉴各国政策实践经验，支持战略性新兴产业发展的政策应该是一个丰富的政策体系。包括预测规划、科技政策、科技金融、研发创新平台、财政政策、法律法规和企业激励制度等多个方面，这些政策之间需有机配合，才能形成协同合力。例如，政府采购和税收优惠、补贴，有利于降低企业产业化的风险，增强市场竞争力，提升战略性新兴产业对私人资本、金融资金的投入，实现规模化生产，增强企业自身积累与内在发展的能力。

（二）动态性原则

扶持战略性新兴产业发展的政策应满足国家战略的必争性和国际产业竞争格局态势的需要。战略性新兴产业决定国家未来在国际竞争格局中的产业技术地位，对国家经济安全具有重要意义。因此，国家扶持战略性新兴产业的政策应强调对未来科学技术发展趋势的研判和预测，动态性选择有利于国家科技水平提高的关键技术，确保其优先发展，实现资源的优化配置和社会动态利益最大化。

（三）比较优势原则

尽管扶持战略性新兴产业发展的政策需要突破比较优势的约束框架，着眼于国家战略高度，生产和培植新资源优势。但是，详细到全国各地的具体选择，则必须在国家政策的指引下，从当地资源禀赋、实际基础等具体情况出发，突出重点，集中力量，优先支持能够发挥当地特长和优势的战略性新兴产业，避免不顾实际造成产业雷同，引发过度竞争，最终导致资源浪费。

（四）阶段性原则

对于不同发展阶段的战略性新兴产业，政府应有针对性地采取不同的扶持政策。在战略性新兴产业发展的孕育期，应重点通过科技政策、创新平台等支持多学科交叉领域的基础和应用的研究。在重大产品创新开始阶段，应选择性支持一些具有突破性、先导性的技术进行研发，并加强知识产权保护和技术标准研发。在战略性新兴产业的成长期，由于此阶段生产工艺不成熟，配套产业链不完善，市场风险高，主导产品尚未形成规模经济，政府应采取政府采购、税收优惠、用户补贴等政策，完善上下游产业链的建设，培育产业竞争优势。

第三节　新兴产业发展的现状与挑战——以苏州市为例

2010 年苏州市《新兴产业倍增发展计划》提出了"跨越发展，三年翻番"的新目标，要大力发展八大战略性新兴产业，"使新兴产业成为引领全市'十二五'经济发展的新动力和最强大的增长极"。受政策支持利好和经济基础发达等影响，苏州市战略性新兴产业快速发展。目前，苏州市战略性新兴产业已进入规模发展阶段，成效引人注目，但是也面临一定的挑战。作为经济发达地区，苏州市培育发展战略性新兴产业的经验对国内其他地区具有较强的借鉴意义。

一、苏州市战略性新兴产业发展之优势

（一）研发实力不断提升，提供了战略性新兴产业发展的创新动力

从研究机构数量看，"十一五"期间，苏州市科技创新载体的数量快速增长。截止 2010 年末，苏州市 82% 的本土大中型企业建立了研发机构，省级以

上外资研发机构已达 183 家①。从研发经费投入情况看，2005 年以来，苏州市研发经费支出占地区生产总值的比例持续提升，2009 年已经突破 2.0%，2010 年达 2.34%，已经进入科技研发的快速增长期。同期，苏州市加快推进高技术成果产业化成绩显著，新认定省级以上高新技术产品增长 6.29 倍，从 2005 年的 196 件提高到 2010 年的 1429 件，累计达 5853 件。

（二）工业规模优势显著，提供了战略性新兴产业发展的市场基础

自 20 世纪 90 年代以来，苏州市的工业经济保持平稳较快增长。其中地区生产总值中工业部分，由 1990 年的 112.52 亿元增加到 2010 年的 4916.49 亿元，累计增长 42.609 倍。期间，高新技术产业不断壮大，2010 年高新技术产业工业总产值占全市规模以上工业总产值的 36.6%。规模优势突出的加工制造业为苏州市战略性新兴产业发展提供了要素转移的来源和潜在的市场需求基础。

（三）金融业快速发展，提高了战略性新兴产业发展的资源配置效率

金融业已成为苏州市经济增长的新动力，也为战略性新兴产业发展创造了有利的外部环境。"十一五"期间，苏州市银行信贷规模快速增长。截止 2010 年末，苏州市银行机构本外币存款和贷款余额双双突破万亿。另一方面，苏州已经形成了结构较合理、功能较完备的现代金融体系，经济金融化程度逐步提高。其中，创业投资、风险投资、股权基金和产业基金等金融体系已初步形成。例如，截至 2011 年 9 月末，备案创投企业累计 81 家，注册资本累计 164.7 亿元，实收资本累计 118 亿元，创投机构备案及注册资金数均约为全国的十分之一。此外，在资本市场融资方面，苏州市企业利用资本市场实现股权融资和债券融资的业务规模也快速增长，资本市场运作能力趋于成熟。截止 2011 年 9 月末，苏州市共计 66 家公司上市，融资 488 亿元，在全国大中城市中位居第二。特别是深交所中小板上市公司达 31 家，初步形成了中小板独具特色的苏州板块。

二、苏州市战略性新兴产业发展之成效

（一）工业战略性新兴产业发展规模与质量成效突出

工业战略性新兴产业已成为苏州市工业增长的重要组成部分。2010 年，

---

① 注文中关于苏州市的统计数据，如果没有特殊说明，均来自《苏州市统计年鉴（2011）》、《苏州统计月报》和苏州市统计调查公众网"统计信息"。

苏州市规模以上战略性新兴产业实现工业产值 7100.56 亿元，同比增长 29%，已占全市规模以上工业产值的 28.80%。同期，苏州市规模以上工业战略性新兴产业的资产总额、利税总额和利润总额占全市比重均超 30%（见表1）。

另一方面，苏州市工业战略性新兴产业规模以上企业利税率、利润率水平分别约为全市平均水平的 1.1 倍和 1.25 倍，表明战略性新兴产业已具备较好的盈利能力。如果将工业总产值、资产、利税总额分别和企业单位个数、从业人员进行比较，可以进一步得出苏州市规模以上战略性新兴产业较全市平均水平规模更大、资本密集度更高、盈利能力更强的结论。

表7.1 2010 年苏州市规模以上企业与战略性新兴产业发展比较

项目	全市（A）	新兴产业（B）	比较（%）（C＝B/A）
平均从业人员（人）	3452034	715968	20.74
工业总产值（万元）	246516665	71005569	28.80
资产合计（万元）	193511382	59238422	30.61
主营业务收入（万元）	245775123	70498859	28.68
利税总额（万元）	19882807	6669611	33.54
利润总和（万元）	15070575	5421578	35.97
主营业务收入利税率（%）	8.09	9.46	116.94
主营业务收入利润率（%）	6.13	7.69	125.42

数据来源：苏州市统计局，《2010 年苏州市统计年鉴》，中国统计出版社，2010 年

（二）服务业战略新兴产业发展规模与质量快速提升

为了支持服务外包产业的发展，苏州市先后出台了《促进服务外包发展的若干意见（2007 年）》、《加快服务外包人才培养的若干意见（2009 年）》和《关于促进服务外包跨越发展的若干政策（2011）》等一系列文件。苏州市充分利用政策优势、区位优势、产业优势等有利条件，推动服务外包产业实现规模化发展，已基本形成软件开发、动漫创意、研发设计、生物医药、金融数据处理和物流供应链管理等产业集群。

2010 年，苏州市服务外包接包合同额达 22.68 亿美元，同比增长 62.3%；离岸接包执行额 12.69 亿美元，同比增长 45.7%。2011 年，苏州市服务外包接包合同额和离案接包执行额继续保持快速增长，截止 9 月末，两项指标的总金额已经超过了 2010 年全年统计数据（见2）。与此同时，服务外包企业综合实力显著增强。截止 2011 年上半年，苏州市通过 CMM/CMMI3 级以上资质认证企业达 79 家，通过 ISO27001 认证企业为 76 家，79 家企业被认定为技术先进型服务企业。

表 7.2　3010 年～2011 年 3 季度苏州市服务外包发展情况

	新增企业	接包合同额		离岸接包执行额		从业人员	
	家	亿美元	增长%	亿美元	增长%	万人	增长%
2010 年	437	22.68	62.3	12.69	45.7	12	35.3
2010 年一季度	185	7.58	79.5	4.14	100.8	16.3	74.5
2010 年二季度	288	17.41	99.3	9.50	124.2	17.1	31.8
2010 年三季度	365	25.55	67.4	14.11	60.8	22.3	61.7

　　资料来源：根据苏州市统计调查公众网"统计信息"资料整理。2011 年各季是指各季度季末累计数据。

　　（三）战略性新兴产业已经成为固定资产投资的重要产业

　　战略性新兴产业固定资产投资，既为转型升级和改善供给结构打下了良好的基础，也为稳定投资需求对经济增长的拉动力起到了积极作用。2010 年，苏州市战略性新兴产业累计完成投资总额 560.59 亿元，占全社会固定资产投资完成额的 15.50%。而截止 2011 年三季度末，苏州市战略性新兴产业固定资产累计投资完成额已达 622.89 亿元，已超越 2010 年全年总额。同比增速高达 54.8%，远高于全市固定资产投资额完成额增速，战略性新兴产业投资占比不断提升（见表 3）。2010 年，战略性新兴产业固定资产投资完成额占苏州市工业投资额的比重为 34%，2011 年 3 季度高达到 41.9%。

表 7.3　苏州市战略性新兴产业固定资产投资完成额及其比较

	累计总额（亿元）		同比增速（%）		新兴产业占比（%）
	全社会	新兴产业	全社会	新兴产业	
2010 年 4 季度	3617.82	560.59	21.9		15.50
2011 年 1 季度	908.99	146.22	23.6	29.2	16.09
2011 年 2 季度	2100.36	381.19	24.7	47.5	18.15
2011 年 3 季度	3303.90	622.89	24.5	54.8	18.85

　　资料来源：根据苏州统计信息公众网"统计信息"整理和计算。

　　从投资主体看，民资和外资已成为战略性新兴产业的投资主体，战略性新兴产业内生性增长特征已经初显。以 2011 年一季度为例,国资、民资、外资新兴产业在建投资项目中分别占 2.7%、47.1%、50.2%,在完成投资中分别占 3.9%、50.0%、46.1%。各项数据表明战略性新兴产业已经成为苏州市投资的主要组成部分,既是拉动经济增长的供给驱动力,也是驱动经济增长的重要需求拉动力。

三、苏州市战略性新兴产业发展之挑战

（一）人才数量与科研水平落后于战略性新兴产业发展的需求

近年来,苏州市人才数量增长和结构优化都取得了显著成效。截止 2010 年末,入选国家"千人计划"30 名,江苏省"双创计划"138 名。但是,人才数量增速仍旧严重落后于经济增速。多数企业认为研发、经营管理人才招聘困难。科研水平方面,以专利结构为例,发明专利占比尚需提高。2010 年,苏州市发明专利申请总量占比仅由 2005 年的 15.57% 提高到 16.76&%。而发明专利授权总量占比却出现了大幅下滑,由 2005 年的 4.46% 下降到 2.97%,降幅高达 22.5%。未来,在战略性新兴产业总量快速增长、知识密集度快速提升的双重压力下,苏州市人才数量和科研水平相对滞后的问题仍将十分突出。

（二）战略性新兴产业增长的稳定性和持续性尚待提升

新兴产业的发展需保持一定的持续性和稳定性,才能实现向主导产业和支柱产业产生的发展。大起大落将削弱战略性新兴产业对经济发展的主导作用,制约产业结构的调整。而从 2010 年以来,苏州市七大工业战略性新兴产业产值和投资之间比例结构却变化频繁。例如,新型平板显示产业产值占比从 2010 年的 31.37%,下降到 2011 年三季度的 23.50%。2011 年上半年该行业固定资产投资完成额同比增速 31.8%,也低于战略性新兴产业投资增长率的平均值 47.5%。2011 年以来,智能电网和物联网产业固定资产投资也处于下滑趋势,一季度下滑 25.40%,二季度下滑 16.5%。

从战略性新兴产业投资向产能转化的效率看,相关产业发展的持续也面临一定挑战。对比 2010 年和 2011 年 3 ~ 9 月战略性新兴产业工业产值的同比增速,2011 年 3 ~ 7 月份呈现增速放缓趋势,在 8 月份反弹之后,9 月份再次下滑。2011 年战略性新兴产业占全市规模以上工业总产值的比重也低于 2010 年,二者差距呈扩大之势（见图 7.1）。进一步结合固定资产投资完成额增速高于全市平均水平的情况,可以大致推测近期固定资产投资的产能并没有及时

完全释放。战略性新兴产业投资额和工业产值增速相悖的事实，反映存在投资向实际产能形成的压力与风险，将对该产业发展的持续性和稳定性造成一定压力。

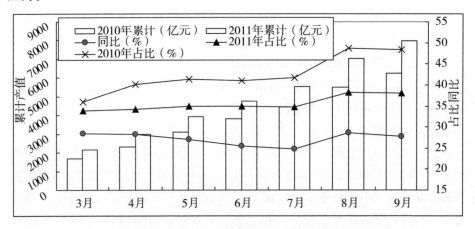

图 7.1　2010、2011 年 3～9 月苏州市制造业新兴产业累计产值情况

资料来源：苏州市统计局 2011 年各月《苏州统计月报》整理计算资料

此外，从规模以上工业企业利税率和利润率来看，苏州市并不具有优势，也不利于对战略性新兴产业的持续投入。以 2010 年为例，苏州市工业产值排名全国大中城市第二，但是，规模以上企业销售利税率却低于常州、深圳、无锡、北京、杭州、上海和南京等城市。规模以上企业销售利润率水平也低于深圳、杭州、北京、上海和无锡等城市。确保较高的盈利能力是产业吸引外部资源投入的基础，也是实现研发投入和盈利能力不断提升良性循环的前提。这一局面如不能快速改变将在一定程度上影响苏州企业研发投入的持续增长能力。

（三）战略性新兴产业的集聚效应尚待提升

目前，苏州市战略性新兴产业已经初具产业和地区集聚特征。从产业集聚看，战略性新兴产业当前主要集聚于新兴面板产业、新材料产业、智能电网和物联网三大产业，2010 年产值占比均达 25% 以上。从地区集聚看，战略性新兴产业主要集中于昆山、工业园区、张家港、吴江和高新区五个地区，产值占比均达 10% 以上。就工业产值总体而言，苏州市战略性新兴产业发展最快的地区是工业园区、昆山、张家港和吴江。这四个地区不仅总产值占到了苏州市战略性新兴产业产值的 10% 以上，而且集聚了两个或两个以上的新兴产业，其中园区和昆山实力最强。但是，从绩效指标来看，这两个地区在企业规模、资本密集度和盈利能力方面并没有优势，甚至多项指标处于全市排名倒数之列，低于全市发展水平。例如，昆山和工业园区人均产值仅及全市的78.92%和85.86%。工业园区销售利税率和资产利润率也仅及全市平均水平的74.38%和84.66%。

表7.4　2010年苏州市战略性新兴产业集聚及绩效比较

项目	产业与地区集聚比较（单位均为%）								
	全市	吴中	相城	高新区	工业园区	常熟	张家港	昆山	吴江	大仓
工业总产值（%）	100.00	3.66	2.79	10.42	20.73	9.22	12.36	21.69	11.80	6.86
新型平板显示（%）	30.36	2.15	0.01	21.61	33.70	1.04	1.06	30.05	10.10	0.30
新材料（%）	25.90	1.40	7.28	3.02	5.82	10.21	31.40	12.52	18.62	9.73
智能电网和物联网（%）	25.90	3.33	3.44	6.03	17.59	12.45	3.37	27.07	24.19	0.52
高端装备制造（%）	11.07	2.85	0.67	7.03	13.23	14.99	9.31	40.50	0.22	8.26
节能环保（%）	8.09	10.72	0.17	5.05	32.56	14.40	4.97	5.06	3.62	23.43
新能源（%）	7.19	3.12	0.18	11.17	13.61	22.42	26.42	8.54	1.32	13.22
生物技术和新医药（%）	4.51	17.95	2.27	6.84	36.65	4.88	3.24	7.42	8.46	9.32
各地区发展绩效比较									
项目	全市	吴中	相城	高新区	工业园区	常熟	张家港	昆山	吴江	大仓
资产周转率（%）	119.01	104.53	144.68	156.40	132.16	103.44	101.42	116.92	129.72	94.60
销售利税率（%）	9.46	9.45	4.07	8.44	7.04	9.57	9.61	11.38	10.23	11.29

各地区发展绩效比较									
项目	全市	吴中	相城	高新区	工业园区	常熟	张家港	昆山	吴江	大仓
资产利润率（%）	9.15	6.36	2.76	9.90	7.75	8.20	7.44	11.87	11.48	8.49
人均资产（万元/人）	82.74	52.14	65.15	111.37	63.97	98.44	134.64	66.42	91.54	141.18
企业规模（亿元）	4.68	2.25	2.97	7.05	3.75	4.89	8.11	4.65	6.24	3.94
人均产值（万元/人）	99.17	56.29	96.62	171.94	85.15	105.34	136.21	78.27	117.03	138.61

资料来源：根据《2011年苏州市统计年鉴》整理计算。

（四）战略性新兴产业发展规划的前瞻性尚需提升

就苏州市七个重点产业规模以上工业战略性新兴产业的实际产值和三年倍增计划指标比较来看，原定于2012年完成的计划指标，在2010年当年已经平均完成71.0%，个别行业甚至已经完成87.57%，最少的也已经完成56.75%（见表7.5）。如果考虑规模以下企业对结果的影响，这一比率将更高，这说明苏州市战略性新兴产业实现了超预期的发展。但是，也反映该计划存在一定缺陷和不足，尚需提高其科学性和前瞻性。

表7.5 苏州市制造业战略性新兴产业实际与计划产值比较

	实际产值（亿元）	计划产值（亿元）	完成比率（%）
新型平板显示	2155.53	3000	71.85
新材料	1838.92	2100	87.57
智能电网和物联网	914.55	1200	76.21
高端装备制造	786.06	1000	78.61
节能环保	574.66	900	63.85
新能源	510.73	900	56.75

	实际产值 （亿元）	计划产值 （亿元）	完成比率 （％）
生物技术和新医药	320.11	400	80.03
总计	7100.56	10000	71.01

资料来源：实际产值来自《2011年苏州统计年鉴》，计划产值来自《苏州市战略性新兴产业三年倍增计划》。此外，三年倍增计划中部分指标使用的是销售收入，实际产值也仅考虑了规模以上企业的产值，但这并不影响结论的意义。

此外，就战略性新兴产业发展行业而言，该计划重点也不够突出。2010年《国务院关于加快培育和发展战略性新兴产业的决定》，确定了现阶段我国战略性新兴产业发展的7个领域、23个重点方向。各地需要根据当地的资源禀赋和国家战略制定本地区的发展重点，但是苏州市《战略性新兴产业三年倍增计划》却确定了数十个行业，几乎涵盖了苏州市现有涉及新兴产业企业所在的所有领域，没有完全反映苏州市发展的战略、定位和资源禀赋。

四、结论与建议

从依托上海辐射到深度融入全球化发展，苏州市发挥后发优势，在既定的技术路线上，实现了由追随者、赶超者向国内领先者角色的转变。然而，在战略性新兴产业发展阶段，苏州市和上海、北京，甚至国外发达地区都将站在同一条起跑线上，没有确定的技术路线可以借鉴模仿，苏州市政府和企业家将面临从技术追随者角色向同行者角色的转变，将面临模仿创新向原始创造转变的挑战。近年来，苏州市战略性新兴产业保持快速发展，总量已进入规模发展阶段，但是也面临众多的挑战。为使战略性新兴产业尽快培育成国民经济发展的主导产业和支柱产业，苏州市应发挥先行者和领先者的作用，开拓创新，因产业制宜、因时制宜和因地制宜，积极探索。此外，社会风气和企业家的内在素质也是决定企业家和公共机构管理者创新意识与创新动力的重要因素。培育与发展战略性新兴产业，苏州市还需大力弘扬"崇文、融和、创新、致远"的城市精神，营造鼓励创新、宽容失败的社会文化环境。

第四节　培育发展战略性新兴产业的策略

战略性新兴产业已成为国内部分地区经济增长的新动力和新增长极，但是，从创意到形成国民经济主导产业，战略性新兴产业的培育与发展要经历多个环节，期间存在多种不确定性，具有复杂性和高风险性。支持战略性新兴产业发展需要因产业制宜、因时制宜和因地制宜，不断总结实践经验，提升理论认识。此外，在战略性新兴产业保持快速发展的同时，也出现了一些新问题和新挑战。例如，研发水平不高和原始创新性不足、增长的稳定性和持续性尚需巩固、产业集聚效应尚待提升、发展规划的前瞻性不足和技术路线图不清晰等。解决这些问题都需要对战略性新兴产业的发展策略进行更深入的研究和探讨。

一、坚持系统性、动态性、比较优势与阶段性原则相结合

纵观经济发展史，以蒸汽机、电力、计算机和原子能等革命性发明为基础的新兴产业，之所以能够成为世界经济增长和发展模式转型的重要动力，在于其实现了新兴产业——主导产业——支柱产业——基础产业的演进。在这一过程中，战略性新兴产业发展要经历创意、研发、产品开发、工艺创新、产业配套、产业链和商业模式形成等多个环节，才能实现向国民经济主导产业的迁移。战略性新兴产业成为主导产业所经历的每一环节所需求的资源并不相同，产业自身的资源整合能力也并不相同。为了保证以上各环节的顺利推进，支持战略性新兴产业发展的政策应该是一个丰富的政策体系，主要包括预测规划、科技政策、科技金融、研发创新平台、财政政策、法律法规和企业激励制度等多个方面。这些政策之间通过有机配合，形成协同合力，才能推动战略性新兴产业实现跨越式发展。

2010 年《国务院关于加快培育和发展战略性新兴产业的决定》从我国国情和科技、产业基础出发，确定了现阶段我国战略性新兴产业发展的 7 个领域、23 个重点方向。各省市又根据当地的资源禀赋和国家战略需要制定了本地区的发展重点。一方面每个重点支持发展产业都要经历孕育、产业化和形成主导产业的过程，各发展阶段所依赖的政策重点内容应有所不同。另一方面，不同的产业又处于不同的发展阶段，即使相同产业在不同地区也处于不同的发展阶段，也需要不同特点的扶持政策。为了兼顾不同的产业和产业发展的不同阶段，政府支持战略性新兴产业发展需兼顾系统性原则、动态性原则、比较优势原则和阶段性原则，建立有机配合的政策体系，形成政策协同合力。

二、坚持企业主体作用和政府引导作用相结合

依据战略性新兴产业形成与发展的主体不同，其发展模式可以概括为：政

府主导的外推模式、企业主导的内生模式、二者有机结合的混合模式。其中，政府主导的外推模式具有以下优势：发展起点高，前瞻性强，重点发展领域明确；资源动员能力强，容易实现关键性技术及成果的转化，缩短产业化的周期；能够满足国家间战略竞争和克服市场失灵的需要。因此，政府支持将对战略性新兴产业发展具有重要推动作用，尤其是在新兴产业发展的初期，甚至是促进其发展的关键动力。但是，该模式也存在难以克服的劣势：企业市场风险意识不强，自我内生发展和市场应变能力不强，不利于产业可持续发展；容易发生企业的寻租行为，影响政策执行效果和损害市场竞争的公平性。

企业主导的内生式模式也称为市场拉动模式，是指发挥市场配置资源的内生主导作用，通过市场竞争中的磨练，企业自主性和创新性不断提升，新兴产业整体比较优势逐步形成和增强，甚至获得一定垄断利益，吸引更多生产要素进入新兴产业，产业规模不断发展，成为某一时期的主导产业或支柱产业。该模式的优缺点和政府主导的外推模式几乎相反。

市场选择和政府扶持相结合的模式是当前各国发展战略性新兴产业的主流模式。该模式能够克服单纯市场模式和单纯政府支持模式的不足，实现扬长避短。根据主导和从属关系不同，现实中二者之间又存在多种具体组合形式。首先，战略性新兴产业发展模式的选择和一个地区的市场化程度有直接关系。一般而言，越是市场化程度高的地区，市场的作用越突出。但是为了实现技术的市场化和创造更多的消费者价值，企业主导的内生发展模式才是培育发展战略性新兴产业的基础和主导模式。其次，战略性新兴产业发展阶段的不同也是决定市场和政府作用的重要方面。一般而言，在战略性新兴产业发展的孕育期，需要政府发挥主导作用，通过科技政策、创新平台等途径支持多学科交叉领域的基础和应用研究。在技术的产业化初期，同样需要政府发挥主导作用。政策的重点应在于选择一些具有突破性、先导性的技术研发进行支持，明确其技术路线和产业链规划，并利用财税政策吸引人力、资本和技术进入重点目标产业等。随着进入战略性新兴产业企业数量的增多，企业规模和实力的不断提升，以及配套完整产业链的形成，战略性新兴产业发展将经历市场和政府双重驱动向市场主导的转化。最终，企业的研发创新和市场竞争能力大大加强，成为战略性新兴产业发展的主导力量。战略性新兴产业也成为经济发展的主导产业或支柱产业。

三、坚持技术创新推动和市场需求拉动相结合

新兴产业是指具有较大潜在商业机会的新产品（或新服务），其核心要素在于新产品（或新服务）和商业机会两个方面。而技术与商业模式的根本性创新、新消费需求的大幅增长、生产成本的大幅下降，以及类似能源枯竭和温室效应之类的社会经济重大事件是新产品（新服务）和商业机会产生的重要动力。四个方面的动因和两个核心要素之间存在有机的互动关系（见图7.2）。

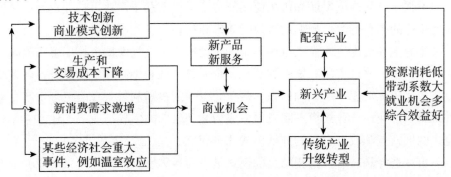

图 7.2　新兴产业发展动因模型

战略性新兴产业是新兴产业的一种，同样具有以上新兴产业的特征，只是强调成因和表现的变动程度更加显著，对一个地区经济发展模式的转变和产业结构的调整具有先导性和决定性作用，关系到一个地区未来经济发展的竞争优势。根据图7.2各因素之间的有机关系，培育与发展战略性新兴产业，首先应以科技创新为中心推动力，实施科技引领战略，实现关键技术的重大突破。其次，应以市场需求扩张为主要拉动力，在满足消费者对生活质量提高的基础上，实现战略性新兴产业的综合效益，提升战略性新兴产业的内生发展动力，实现投资、盈利、再投资的良性循环。

在强调技术对战略性新兴产业发展重要意义的同时，不应忽略市场需求对战略性新兴产业的拉动作用。具有较大的市场需求是实现产业带动系数，增加就业人数等衡量战略性新兴产业宏观经济效益的保证，也是企业实现盈利和再投资良性循环的前提。当前，国内战略性新兴产业快速发展，已经形成较大的产能。例如，仅苏州市2010年"新型平板显示产业"和"新材料产业"的产值已超千亿产值。但是，随着国内竞争的加剧和国际贸易摩擦的频发，未来市场持续扩张发展的压力并不可小觑。

培育战略性新兴产业的是市场需求，当前政府应该关注以下几点：

第一，对已经具有一定市场基础的产业，加快完善健全产业链，实现产能的稳步扩张，发挥产业集聚效应和规模经济效应，构建企业的低成本竞争优势，满足消费者的需求。

第二，社会各界要像鼓励科研创新一样支持战略性新兴产业新产品开发，产生类似苹果公司系列产品的市场效应，带动相关产业实现跳跃式发展。

第三，根据新兴产业发展的特点，结合政府购买需求的实际情况，修订"政府采购目录"，对企业自主研发的重大技术产品、可用于政府一般预算支出项目的新产品和可用于公共领域的战略性新兴产业产品进行优先采购或补贴。

第四，加快有利于战略性新兴产品消费的基础设施、产业和技术标准化建设，破除不利于消费增长的各种障碍，提升消费者的消费意愿。

第五，通过建设数字化城市、智能交通网络、智能电网、征收碳税和淘汰落后产能等项目，创造战略性新兴产业产品的需求。

第六，和传统支柱产业发展一样，在进入规模化阶段之后，品牌同样是战略性新兴产业产品的核心竞争力。培育战略性新兴产品的市场需求，也需及早重视品牌建设，加大力度培育能够面向终端市场提供完整解决服务方案的知名企业。

四、坚持基础创新和应用创新相融合

突破性技术创新是对原有技术和生产要素组织模式的替代，是新兴产业形成的关键环节。推进突破性技术培育是实现突破性创新的必要条件，但不是充分条件。除技术创新之外，突破性创新还包括产品创新、过程创新和组织创新等一系列根本性创新。只有在几个方面创新的共同作用下，才能有效推动突破性研发和技术创新向主导产业、支柱产业的转化。其中，重大技术的产业化能力是决定新兴产业发展实力的核心环节，其对战略性新兴产业发展的意义并不弱于重大技术的发明。技术的产业化和产业发展规模是战略性新兴产业演进的决定因素。例如，蒸汽机只有将其成功用于纺织、印染、冶金、采矿，促进机器制造业、钢铁工业、运输业的蓬勃兴起，为完整的工业技术体系的建立奠定了基础，才成为第一次技术革命。再例如，福特公司通过流水线作业和高度分工，实现了汽车的大批量、低成本生产，大大降低了汽车的价格，并因生产效率提高，也改善了工人的收入水平。在两方面因素的共同作用下，汽车产业得到了飞速发展，成为美国经济增长的主导产业。相反，1998 年，摩托罗拉投资巨资建设的铱星系统，尽管技术非常先进，但是由于价格太高，无法实现规模经济，最终以失败告终。

培育和发展战略性新兴产业，首先应突出基础创新的核心地位，增强自主创新能力培育，推动产业实现跳跃性、非线性升级。政府一方面应加大对战略性新兴产业重点领域前沿性、关键性、基础性和共性基础研究的投入，在新兴产业领域组建若干具有国际先进水平的技术研发机构。另一方面，应激发高校、研究机构和企业的内在研发动机，强化对龙头企业自主创新能力的考核，提升企业研发能力。其次，在突出强调基础创新的同时，还必须关注应用创新的重要意义。当前，我国已经拥有比较发达、较强竞争力的制造业体系，被誉为"世界制造中心"。发达的制造业为技术产业化提供了必要的制造和工艺基础，也为新兴产业发展提供了巨大潜在的市场需求。在力争实现关键、前沿技术突破的同时，现阶段国内制造业发达地区应发挥现有产业的比较优势，推行战略性新兴产业和传统产业融合化发展战略，将战略性新兴产业产业化作为发展的重点。例如，将纺织产业获得的能力或优势应用于新材料领域，发展产业用纺织品，实现纺织品在航空航天、汽车、交通、建筑、医疗等纺织品产业领域的应用。

五、坚持鼓励微小中企业发展和产业重组并购相结合

首先，微小中企业对培育和发展战略性新兴产业具有重要意义，应积极鼓励与支持微小中企业发展。一方面，如微软、惠普、苹果、戴尔、雅虎、谷歌等计算机互联网领域的领先企业都是从小微企业开始的。经验证明，微小中企业群体比大企业更善于捕捉住突破性变革的机遇，具有较高的研发效率，是突破性创新的主要源泉。另一方面，微小中企业具有"专、精、特、新"等优势，是战略性新兴产业产业链和产业集群必不可少的"配角"。当地政府应认真落实扶持微小中企业发展的各项政策，在研发投入、税收、产业化、政府采购、投融资和公共创新体系等各个方面，加大对微小中企业的支持力度，鼓励微小中企业进入战略性新兴产业的研发和产业化环节。

其次，发展战略性新兴产业应鼓励企业进行并购和建立战略联盟，发挥产业集聚协同效应。不同于经济史上其他新兴产业发展演进的历程，当代战略性新兴产业并不一定需要顺序经历"高新技术"、"数量和低成本"、"渠道为王"、"品牌为王"为特点的不同竞争阶段，而是在产业化初始就体现为"以

高新技术为导向、以品牌竞争为焦点"的竞争特点。品牌之间的竞争，更多体现为企业资本实力和资源整合能力的竞争。兼并重组是新兴产业企业做大做强的必由之路，也是整合传统行业资源和进行产业结构调整的有效途径。一方面，兼并重组不仅能使产业由分散无序走向集中有序，提高行业的议价能力，扩大产品的市场占有率和市场影响力。另一方面，兼并重组也能使优势企业的管理和技术优势向整合后的企业辐射，发挥产业链协同效应，提高行业的整体运营效果和生产效率，有利于优化产品结构。政府应充分利用培育大企业大集团发展的扶持政策，采取切实措施，积极引导企业进行兼并重组、联盟合作，加强对大集团的引导和培育，把品牌优势企业做大做强，促使资源向名牌企业集中。通过提高产业集中度，发挥名牌企业在行业中的影响作用和带动作用。

六、营造积极创新的文化氛围

通过技术引进、消化吸收和深度融入全球化，我国发挥后发优势，在既定的技术路线上，实现改革开放以来的经济快速增长，实现由追随者、赶超者向领先者角色的转变。然而，在战略性新兴产业发展阶段，国内不同地区之间，甚至国内和发达工业国家都将站在同一条起跑线上，企业家和公共机构管理者没有确定的技术路线可以借鉴模仿，而是将从技术追随者角色向同行者角色转变，面临模仿创新向原始创造转变的挑战。基本产品创新、重大产品创新和基础发明等原始创新活动要比新型号产品创新、仿制创新、新一代产品研发更加复杂，其风险也由可度量转向无法预见和度量。因此，培育和发展战略性新兴产业，企业家和公共机构管理者将面临比扮演追随者、赶超者更大的风险，需要大量创新型的企业家和公共机构管理者。作为生产要素组合的组织者，企业家和公共机构管理者的创新精神是新兴产业的诞生与发展的关键，也是产业革命的灵魂。

企业家和公共机构管理者的创新精神不是天生和自然的，是可以通过学习培育获得的。企业家和公共机构管理者创新意识是否强烈与创新动力是否充足，既取决于企业家内在的素质与境界，也取决于社会风气与政策导向。培育发展战略性新兴产业，需要建立鼓励创新的氛围和体制，营造具有创新、宽容失败特点的社会文化氛围。首先，在营造发展氛围方面，对创新企业给予荣誉与奖励，树立创新光荣、实业兴邦的风向标，引导全社会形成愿意并且乐意长期坚持走创新发展之路的社会价值取向。其次，加强对创新成果的保护，避免模仿、抄袭者获得不当得利，损害创新的动力和源泉。

本章结论

　　培育发展战略性新兴产业需要把握其内涵和扶持政策的实施原则。战略性新兴产业的本质特点决定了政府扶持对其发展的重要意义。在类似苏州市这样战略新兴产业发展起步早、发展快的地区，在政策支持下，新兴产业实现了超预期发展，各重点产业均已进入规模发展阶段，已成为经济增长的新动力和新增长极。但是要成为主导产业，新兴产业的培育与发展还要经历多个环节，期间还存在多种不确定性。此外，在新兴产业保持快速发展的同时，也出现了一些新问题和新挑战，例如，原始创新性不足、增长的稳定新和持续性尚需巩固、产业集聚效应尚待提升、发展规划的前瞻性不足等。支持新兴产业发展需要因产业制宜、因时制宜和因地制宜，不断总结实践经验，提升理论认识和政策水平。为了培育发展战略性新兴产业，政府和企业家需要实现从技术追随者角色向同行者、领先者角色的转变，需要在技术、产品和政策方面进行开拓创新，发扬勇于开拓创新的优良传统，对发展策略进行更深入的探索和实践，不断优化新兴产业发展环境。支持战略性新兴产业发展，需要坚持系统性、动态性、比较优势与阶段性原则相结合；坚持企业主体作用和政府引导作用相结合；坚持技术创新推动和市场需求拉动相结合；坚持基础创新和应用创新相融合；坚持鼓励微小中企业发展和产业重组并购相结合；营造积极创新的文化氛围。

参考文献

2004～2005 年富士康国际控股公司年报，港交所网站，http：//www.hkex.com.hk/chi

2007～2010 年苹果公司年报，http：//www.apple.com/investor/

鲍晓华．中国实施反倾销措施的经济效应分析［J］．经济纵横．2004（1）

贝政新，王世文．金融服务于出口的三大路径分析［J］．对外经贸实务．2010（4）

贝政新，王世文．出口加工制造业面临的挑战与对策［J］．国际贸易问题．2011（6）

蔡春林，陈万灵．金融危机对我国沿海外贸强省的冲击及对策分析［J］．对外经贸实务．2009（5）

产业损害程度理论与计算方法课题组．中国反倾销——产业损害程度测试方法［M］．北京：清华大学出版社．2003

陈祥锋．供应链金融服务创新论［M］．上海：复旦大学出版社．2008

程宏辉，罗兴．"贴牌"是一种过时的战略选择吗——来自广东省制造型企业的实证分析［J］．中国工业经济．2008（1）

冯宗宪，向洪金．欧美对华反倾销措施的贸易效应：理论与经验研究［J］．世界经济．2010（3）

高鸿业．西方经济学［M］．北京：中国人民大学出版社．2007

郭其友，丽静．经济持续增长动力的转变——消费主导型增长的国际经验与借鉴［J］．中山大学学报（社会科学版）．2009（2）

国家统计局课题组．如何实现经济增长向消费拉动为主的转变［J］．统计研究．2007（3）

韩中和，胡左浩，黎超．中国企业自有品牌与贴牌出口选择的影响因素及对出口绩效影响的研究［J］．管理世界．2010（4）

贺力平．20 世纪经济增长与现代化发展的经验［J］．国际经济评论，2000（1）

吉川洋．技术进步与经济增长［J］．中国工业经济．2001（3）

加里·C. 利连，阿温德·朗格斯瓦米著．营销工程与应用［M］．北京：中国人民大

学出版社.2005

架信杰.反倾销损害分析的经济学方法及其应用［J］.外国经济与管理.1998（11）

姜帆，王世文.影响企业应对贸易摩擦主动性因素的分析［J］.苏州大学学报.2011（5）

姜国庆，凡刚领.产业损害程度测算指标相关性的有效消除研究［J］.管理科学.2004（5）

凯文·莱恩·凯勒.战略品牌管理.北京：中国人民大学出版社［M］.2006.案例IBM，西门子案例，微软的案例

李占风.消费对经济增长拉动作用的计量分析［J］.统计与决策.2008（21）

辽宁省人民政府发展研究中心课题组.辽宁战略性新兴产业发展路径与关键环节.辽宁经济［J］，2011（2）

刘树成.对美国"新经济"的考察与研究［J］.经济研究.2000（8）：11

隆国强.加工贸易——全球化背景下工业化新道路［M］.国际贸易.2002

鲁丹萍.国际贸易壁垒战略研究［M］.人民出版社.2006

裴长洪，郑文.转变外贸发展方式的经验与理论分析［J］.中国社会科学.2011（1）

裴长洪.国际贸易政策调整与出口结构变化分析［J］.2006–2008，经济研究.2009（4）

丘东晓等.国际贸易与投资前沿［M］.上海：上海人民出版社.2008

沈利生."三驾马车"的拉动作用评估.数量经济技术经济研究［J］.2009（4）

索洛·乔松森的结论，转引自赫尔普曼，经济增长的秘密［M］.中国人民出版社.2007

唐宜红，林发勤.服务贸易对中国外贸增长方式转变的作用分析［J］.世界经济研究.2009

汪素芹.中国外贸增长方式转变的绩效研究［M］.南京：南京大学出版社.2011

王世文，张忠寿.贸易摩擦对江苏省出口的影响及其对策［J］.江苏社会科学.2011（4）

王世文.传统支柱产业转型升级对策研究［J］.苏州科技学院学报.2012（1）

王世文.对政策激励、企业创新与消费增长关系的探讨［J］.企业经济.2011（10）

王世文.金融危机对苏州出口增长趋势的影响［J］.华东经济管理.2009（9）

王世文.企业对人民币汇率风险的管理［J］.财会月刊.2006（4）

王世文.苏州市出口贸易面对的挑战与对策［J］.苏州科技学院学报.2011（1）

王世文.出口贸易"双高"现状与对策分析［J］.国际商务.2009（6）

王世文.电子产品代工企业竞争力现状与提升策略研究［J］.国际贸易问题.2011（12）

王世文．苏州市出口增长下滑的趋势及原因分析［J］．国际贸易问题．2009（3）

吴解生．代工企业的成长空间与竞争策略——中国台湾宝成工业的发展经验与启示［J］．经济问题探索．2010（2）

肖兴志．中国战略性新兴产业发展研究［M］．北京：科学出版社，2011

谢作诗．李善杰．新经济的增长与波动——以美国为例的分析［J］．上海经济研究．2002（1）

杨仕辉，王红玲．对华反倾销的实证分析及中国的对策［J］．中国软科学．2002（7）

于永慧，李敢．基于技术路线图视角下的中国新兴产业发展：挑战与破局．华东经济管理［J］．2011（7）

张其仔，郭朝先，白玫．协调保增长与转变经济增长方式矛盾的政策研究［J］．中国工业经济．2009（3）

张其仔．比较优势的演化与中国产业升级路径的选择［J］．中国工业经济．2008（9）

张忠寿，王世文．贸易摩擦的经济动机与应对策略［J］．宏观经济管理．2011（11）

中国经济增长与宏观稳定课题组．中国可持续增长的机制：证据、理论和政策［J］．经济研究．2008（10）

中国科技发展战略研究小组．中国科技发展研究报告2010（M）．北京：科学出版社．2010

朱烨，卫玲．产业结构与新型城市化互动关系文献综述［J］．西安财经学院学报．2009（5）

Bao Beibei and Chen Xiaoduan．Supply Chain for iPhone Highlights Costs in China. The New York Times. July 5，2010

Bundesministerium für Bildung und Forschung（BMBF）. Ideen. Innovation. Wachstum—Hightech – Strategie 2020 für Deutschland. http：//www. bmbf. de/pub/hts_ 2020. pdf

Wto. Summary of the dispute to date［EB/OR］. http：//www. wto. org/english/tratop_ e/dispu_ e/

附 录

附录1：纺织服装产业高端化发展现状调查问卷（银行部分）

纺织服装产业高端化发展现状调查问卷
（银行部分）

尊敬的女士/先生：

本调查不涉及具体统计数据，也没有对错之分，仅供课题研究组内部研究使用，研究结果不反映贵单位的具体信息，对外将严格保密，期待您的大力支持！

为了确保问卷的有效性，请主要负责人把关填写。衷心感谢您的支持！

1. 2011年以来，对纺织服装行业的信用评级和贷款总量情况是（请在相应框内打√）：

信用评级情况			(1表示显著减少，2表示减少，3表示无变化，4表示增加，5表示显著增加)	信贷变化情况				
上调	不变	下调		1	2	3	4	5
			纺织服装行业整体					
			家用纺织品制造业					
			产业用纺织品制造业					
			化学纤维制造业					
			棉纺织行业					
			丝绢纺织行业					
			毛纺织行业					

信用评级情况			（1 表示显著减少，2 表示减少，3 表示无变化，4 表示增加，5 表示显著增加）	信贷变化情况				
上调	不变	下调		1	2	3	4	5
			麻纺织行业					
			印染行业					
			服装、鞋、帽制造业					
			针织行业					
			纺织专用设备制造业					

2. 近三年以来纺织服装企业贷款的主要用途为：

（1）基本建设 □ （2）技术改造 □ （3）发放工资 □ （4）弥补流动资金缺 □

（5）新项目 □ （6）收购兼并 □ （6）其他（请注明）_____。

4. 你行适用于纺织服装企业的信贷和中间创新业务有_____、_____

___

该业务市场影响力（以申请企业数量和交易金额的变化为标志）：

（1）没有□ （2）很小□ （3）一般□ （4）大□ （5）非常大 □

5. 材料价格大幅波动，企业是否采取措施规避风险？（1）是 □ （2）否 □

主要采取_____、_____、_____措施规避风险。

汇率大幅波动，企业是否采取措施规避风险？（1）是 □ （2）否 □

主要采取_____、_____、_____措施规避风险。

6. 你行是否建立了纺织服装行业风险预警控制体系（1）是 □ （2）否 □

如果选"是"，该体系显示未来半年内该行业风险情况为：_____

7. 2011 年以来，纺织企业的贷款质量的趋势：（1）下降□ （2）无变化□ （3）提高

8. 你行拒绝纺织服装企业贷款申请的主要理由有（请在相应框内打√）：

1 表示很不同意，2 表示不同意，3 表示无意见，4 表示同意，5 表示完全同意	很不同意←—→完全同意					
	1	2	3	4	5	
营业执照等实质性要件缺乏或已过期						
财务报表不实						
财务状况无法满足贷款条件						
经营状况欠佳，无法满足贷款条件						
抵押无法落实，又缺乏其他有效的担保						
企业贷款不符合国家或地区的产业政策						
实行环保授信"一票否决制"						
企业信用等级达不到银行贷款的要求						
缺乏可靠信誉记录						
不符合银行要求的其他贷款条件						
银行尚无适合企业的信贷产品						
申请贷款项目的风险较大						
贷款资金紧缩						
银行内部贷款管理权限有限						
行业存在产能过剩，具有较大信贷风险						
企业创新能力弱，产品附加值低，企业盈利能力差						
其他（请注明）						

9. 你行支持纺织服装产业的措施主要有：

（1）纺织业不作为信贷风险控制性行业　□（2）基层行的信贷权限有所扩大　□

（3）对纺企的抵押率有所放宽　□（4）对担保企业要求有所下降　□

（5）银行对纺企内部信用评级的等级提高　□（6）信贷审批速度加快　□

（7）纺企的综合授信额度增加　□（8）其他（具体填写＿＿＿＿＿＿）

10. 请举例简介您行近3年来支持纺织企业升级发展的成功实例：企业＿

项目概况＿＿＿＿＿＿＿＿＿＿＿＿＿＿＿＿＿＿＿

企业效益_____

对银行产生的效益_____

（注：可另附纸）

再次感谢您的支持！

单位名称：_____ 盖章_____

填表人姓名：_____ 职务：_____ 电话：_____

附录2：纺织服装产业高端化发展现状调查问卷（企业部分）

苏州纺织服装产业高端化发展现状调查问卷
（企业部分）

本调查结果没有对错之分，仅供课题研究组内部研究使用，研究结果不反映贵企业和项目的具体信息，对外将严格保密，期待您的大力支持！

问卷中企业是指填表人工作企业。衷心感谢您的支持！

1. 目前企业主要产品名称（按产品销售额排列）：

A _____ B _____ C _____ D _____

主要用途：（1）家用纺织品制造业 □（2）产业用纺织品制造业 □（3）其他（请注明）□

2. 企业规模：（注：请在相应框内打√，以下同）

（1）大型（从业人数2000人以上、销售额3亿元以上、资产总额4亿元以上）□

（2）中型（从业人数300～2000人、销售额3000万～3亿元、资产总额4000万～4亿元）□

（3）小型（从业人数300人以下、销售额3000万元以下、资产总额4000万以下）□

3. 企业产品营销中是否形成品牌？（1）是 □（2）否 □

企业有专门的经费用于产品的研究与开发；（1）是 □（2）否 □

企业设立了专门的技术研发部门：（1）是 □（2）否 □

4. 产品主要的销售渠道是（注：XX%为某渠道占销售额的百分比）

渠道	无	0%~10%	10%~20%	20%~30%	30%~40%	40%~50%	50%及以上
自有商店零售							
加盟店零售							
专业批发市场销售							
接单生产							
通过代理商销售							
自建企业商务网站销售							
行业（或商会）电子商务平台							
其他（请注明）_____							

5. 您企业实现技改与创新的途径（注：是指已完成技改或创新成果对实际发展的贡献，没有技改或创新则为无贡献。不是主观判断的情况）：

	无贡献	贡献很小	一般	贡献大	贡献很大
自主开发					
模仿					
与院校及其他研究机构合作					
购买技术					
引进关键技术人员					
委托加工方提供					

6. 您认为纺织业在技改和创新方面面临困难是什么？（注：重要是指阻碍企业创新的程度）

	几乎不重要	不重要	一般	重要	非常重要
缺乏获取新技术信息和知识渠道					
研发周期过长					
市场风险太大					
资金投入过大，融资困难					
研发人才不足					
缺少大学和科研院所的有效支持					

	几乎不重要	不重要	一般	重要	非常重要
鼓励技术创新的政策支持不够					
缺少商会或行业协会提供的技术培训					

7. 材料价格大幅波动，企业是否采取措施规避风险？（1）是 □（2）否 □

主要采取_____、_____、_____措施规避风险。

汇率大幅波动，企业是否采取措施规避风险？（1）是 □（2）否 □

主要采取_____、_____、_____措施规避风险。

8. 企业近三年主要融资渠道，按取得资金数量排序：

第一、_____□；第二、_____□；第三、_____□

（1）金融机构贷款（2）企业职工自筹资金（3）国家财政投入（4）票据融资

（5）民间借贷（6）外商及港澳台商投资（7）股票市场融资（8）债券市场融资

（9）企业自身积累（10）私人资本投入（11）企业之间融资（12）其他

9. 企业近三年贷款的主要用途为

第一、_____□；第二、_____□；第三、_____□

（1）基本建设 □ （2）技术改造 □ （3）发放工资 □

（4）弥补流动资金缺口（5）新项目 □ （6）收购兼并 □

10. 你认为银行贷款难的主要原因是（注：同意是指你认为事实经常如此，其他依次类推）：

不同意	不太同意	没意见	同意	完全同意	
企业自身存在没有符合贷款条件之处					
银行对企业及产品了解不够					
银行对企业财务状况过于苛刻					
担保条件过于苛刻					
银行对企业信用等级要求偏高					
金融创新不足，银行服务产品不够					
其他（请注明）					

11. 当前企业发展具有的优势是（根据其对销量、利润总量和成长性的贡献判断优势大小）

完全无优势	优势很小	一般	具有优势	优势突出
低成本优势				
价格优势				
管理水平高				

完全无优势	优势很小	一般	具有优势	优势突出
技术水平先进				
产品研发能力强				
品牌知名度高				
销售渠道优势				
产业集群带来的产业配套优势				
集群的声誉/区域品牌				
来自新产品的销售额不断上升				
来自新产品的利润不断上升				
专利申请数量不断增加				
其他（请注明）				

12. 企业进一步发展面临的主要挑战是（注：重要程度是指对企业发展挑战性的大小）

几乎不重要	不重要	一般	重要	非常重要
需求不足，订单减少				
行业竞争激烈，盈利能力下降				
原材料成本上升				
缺乏劳动力，人工成本增加				
资金紧张，融资困难				
技术和生产设备落后				
缺乏创新能力				
产品附加值低				

几乎不重要	不重要	一般	重要	非常重要
汇率变化，人民币升值				
淘汰落后产能压力加大				
其他（请注明）				

13. 为了提高企业的竞争力，企业正在或计划采取哪些对策。（注：即使根据常识判断很重要，但是，贵企业没有计划或已采取的方案为"几乎不重要"）

几乎不重要	不重要	一般	重要	非常重要	
开拓国内新市场					
开拓国际新市场					
寻找新的产业、多元化投资					
在本行业中向上、下游产业延伸					
收购兼并					
加强技术改造，提高装备技术水平					
加强新产品产品研发与创新					

几乎不重要	不重要	一般	重要	非常重要	
提升内部管理水平					
发展节能环保技术					
加大品牌建设力度					
加强销售渠道建设					
走出去，实施国际化战略					
往低成本地区搬迁企业					
减产，裁员					
其他（请注明）					

14. 请对地方政府和各类中介机构对纺织服装产业升级的帮助进行评价：

没有帮助	帮助很小	无意见	有帮助	帮助很大	
政府鼓励企业升级政策					
行业协会（或地方商会）					
各类公共技术服务平台					
大专院校及各类研发机构					
银行及其他金融机构					
各类咨询、培训机构					
信用担保体系					

15. 要促进纺织服装企业的产业升级，地方政府和行业协会应从哪些方面入手？

	几乎不重要	不重要	一般	重要	非常重要
政策性贷款的作用					
建立技术研发交流平台，促进本行业技术研发的效率					
建立企业职业培训平台，整体提升行业技能水平					
政府在市场环境方面的改善状况					
提供技术人才支持					
建立大型纺织服装交易市场					
建立大型纺织工业园区					
组织大型纺织服装交易会					
其他（请注明）					

再次感谢您的支持！

企业名称：＿＿＿＿＿＿＿＿＿＿＿＿

企业所在地：＿＿＿＿＿ 市县（市、区）＿＿＿＿＿ 乡（镇、街道）＿＿＿＿

填表人姓名：_____　　职务：_____　　电话：_____

附录3：贸易壁垒对出口贸易影响的调查问卷（简介）

说明：本问卷包括52个问题，以封闭式和半封闭式问题为主，包括企业基本信息、贸易壁垒影响情况和其他需要说明的问题三个部分。为了增强对企业实际情况的针对性，便于调查企业回答，贸易壁垒影响情况部分又分9个部分。包括总体情况（4个问题）、关税壁垒（4个问题）、进口限制（7个问题）、技术性贸易措施调查（6个问题）、反倾销调查（4个问题）、知识产权调查（9个问题）、反补贴调查（4个问题）、保障措施或特别保障措施（3个问题）、贸易壁垒应对部分（3个问题）等，其中，总体情况和贸易壁垒应对为必答部分，其余根据企业实际进行选择回答，但是，每部分的问题必须回答完整。具体问题大致包括遭遇贸易壁垒的类别、出口国家、出口产品、对出口量和进口国市场占有率的影响、原因和对策等方面的问题。

附录4：影响苏州民营经济发展因素的调查问卷

尊敬的先生、女士：

您好！我们是苏州科技学院民营出口企业发展环境调查组。我们希望了解您对出口经济发展环境真实看法，并为您的回答严格保密。以下是一些问题，请您在适当的空格□内打√。对您的支持与合作，我们表示衷心感谢！

非常不同意　不同意　没意见　同意　非常同意

1. 出口企业融资成本较快上升。 ☐ ☐ ☐ ☐ ☐

2. 出口企业工资成本上升较快 ☐ ☐ ☐ ☐ ☐

3. 出口原材料能源成本上升较快。 ☐ ☐ ☐ ☐ ☐

4. 人民币升值对出口形成了较大不利影响。 ☐ ☐ ☐ ☐ ☐

5. 出口保险及其他交易成本上升较快。 ☐ ☐ ☐ ☐ ☐

6. 美国经济衰退导致出口需求较大下降。 ☐ ☐ ☐ ☐ ☐

7. 欧日经济衰退导致出口需求较大下降。 ☐ ☐ ☐ ☐ ☐

8. 新兴市场经济衰退导致出口需求较大下降。 ☐ ☐ ☐ ☐ ☐

9. 价格竞争力减弱导致出口需求较大下降。 ☐ ☐ ☐ ☐ ☐

10. 贸易摩擦导致出口需求较大下降。 ☐ ☐ ☐ ☐ ☐

11. 坏账风险导致出口需求意愿较大下降。 ☐ ☐ ☐ ☐ ☐

12. 汇率风险导致出口需求意愿较大下降。 ☐ ☐ ☐ ☐ ☐

13. 出口退税政策对出口具有较大影响。 ☐ ☐ ☐ ☐ ☐

14. 出口信用保险及其贸易融资具对出口具有较大影响。 ☐ ☐ ☐ ☐ ☐

15. 您认为对出口产生不利影响的其他因素：＿＿＿＿＿＿＿＿＿

16. 您认为对出口产生有利影响的其他因素：＿＿＿＿＿＿＿＿＿

17. 企业所属的行业：＿＿＿＿＿＿＿例如：电子产品、检验设备

18. 2008 年，企业出口销售变化为：

1. 较大下滑 ☐ 2. 略有下降 ☐ 3. 保持稳定 ☐

4. 略有上升 ☐ 5. 较大上升 ☐ 6. 前降后升 ☐ 7. 其他 ☐

19. 企业的性质：1. 民营企业 ☐ 2. 其他内资企业 ☐ 3. 外资企业 ☐

20. 主要贸易方式：1. 一般贸易 ☐ 2. 来料加工 ☐ 3. 进料加工 ☐ 4. 其他贸易 ☐

21. 产品品牌：1. 江苏出口名牌 ☐ 2. 国家出口名牌 ☐ 3. 外商品牌 ☐ 4. 无品牌 ☐

再次感谢您的合作！

后 记

　　当前出口贸易存在不均衡、不协调、不可持续等多方面的挑战。为了实现对外贸易持续发展和由贸易大国向贸易强国的转变，中央经济工作会议先后提出了"转变外贸增长方式"和"加快外贸发展方式转变"的发展目标。2012年商务部等十个部门又联合出台了《关于加快转变外贸发展方式的指导意见》。如何有效落实《意见》提出的任务，实现加快转变外贸发展方式的各项任务，还需要总结实践经验和深化理论研究，提出针对性强和可操作性强的研究成果。

　　江苏省是我国出口贸易最发达的地区之一，为出口贸易环境优化与转型升级问题的思考研究提供了实践基础，当地政府、企业和学界对该问题也给予高度关注。作为当地的一名高校教师，该领域丰富的社会实践和活跃的研究氛围激发了我对相关问题浓厚的兴趣。我的研究也有幸得到了江苏省、苏州市社科研究基金和苏州市软科学基金的资助。这些资助一方面为我的研究提供了便利条件，另一方面也给我压力，督促我对该领域的学术研究和社会实践动态密切关注，也促使我和企业一线实务经营管理者保持联系沟通。

　　此外，还有一件事，也对我的研究产生了积极影响。近年来，苏州市经济和社会发展的成功经验吸引了国内很多地区的干部和企业家来苏州考察、学习和交流。作为江苏省干部培训基地的任课教师，也促使我对国内外宏观经济形势与发展、苏州市外向型经济发展实践经验等相关问题进行了思考，对全国和苏州市出口贸易发展进行了持续关注和探索。

　　课题研究和教学的积累，以及对该主题的兴趣促使我将对出口贸易环境优化与转型升级问题的一些思考和体会，梳理总结写作成书，希冀能够对实务部门实践和理论研究产生些许积极影响。本书绪言部分对转变外贸发展方式的研究背景、研究文献、研究意义进行了简要分析，然后分三个部分展开具体的研究。第一部分通过描述统计分析，从内外需均衡、国民福利改善和技术进步三个角度论述了出口贸易对我国经济发展的意义，论述了实现内外均衡发展战略和降低出口贸易发展风险的战略的意义，并提出优化出口贸易发展环境的策略。第二部分从改善金融服务和完善贸易摩擦两方面对优化出口环境、提升出口企业国际市场竞争力进行了分析。第三部分从代工企业转型升级策略选择、传统支柱产业转型升级促出口贸易发展，以及培育发展新兴产业促出口转型升级三个方面对转型升级这一主题进行了具体分析。

　　本书认为，转变外贸增长方式需要兼顾内外均衡和兼顾短期均衡和长期增长。本书对当前流行的一些观点进行了深入探讨或质疑。例如，代工企业存在和发展的合理性，以及代工企业升级的难度、风险与路径。本书部分内容来自近年我主持完成课题的研究成果。感谢我的博士生导师贝政新教授和同学张忠寿、姜凡、王剑，以及同事刘华老师对我课题研究的启发和课题研究成果初稿撰写的帮助与贡献。此外，在本书的研讨与撰写过程中，得到了苏州市科协软科学研究课题"加快苏州市外贸转型升级对策研究"和苏州科技学院人文社科项目的资助，在此一并表示感谢。

　　由于作者水平学识所限，加之出口贸易环境优化与转型升级问题处于快速发展变化之际，一些感悟尚难以系统成文，疏漏谬误不足之处还望读者批评指正，先此谢过！